成功には必ずコツがある!

仕事のカベの破り方

【図解】

き・決断に効く最強の問題解決法

東海大学名誉教授
唐津 一
からつ はじめ

PHP

プロローグ
「仕事のカベを破る」には？

第1章
情報戦にはこうすれば勝てる

第2章
問題解決の本質を考える

第3章
一歩先を行く営業のやり方

第4章
ビジネスの偉人に学ぶ説得の要諦

第5章
かけひきを科学的に考える

装丁◇松　昭教
カバーイラスト◇ボンジュール・クボ
本文イラスト◇勝山英幸
編集協力◇有限会社　悠々社

01 手に入るものでどこまでできるか

「できる人」と「できない人」の差は、身近にあるものを利用して、必要なことを実行する力にある。

仕事のできない人ほど、「○○がないので、できません」という言い訳をしがちである。だが、必要なものがすべてそろっていて、時間も充分にある仕事など、世の中に存在しない。「お、なかなかやるじゃないか」と周囲に認められるビジネスマンというものは、自分が手に入れられるものを工夫して、仕事をこなしていくのである。

「ノリとハサミ」でヒットラーを驚かした分析家

たとえば、こんな話がある。第二次世界大戦の直前に、英国で各国の軍備に関する本が出版された。その本は特にドイツの項目が詳しく書かれていて、兵力の配置はもちろんのこと、師団長の経歴や性格に至るまで詳細に調べてあった。

これを読んだヒットラーは、機密情報がどこかから洩《も》れていると判断し、その本の著者を尋問する必要があると考えた。

すぐに秘密警察ゲシュタポが動き出し、スイスの出版社の名をかたって著者をおびき出し、ドイツに連行した。

そして、著者がどのようにしてドイツ軍の情報を入手したかを尋問したところ、実に意外な返事が得られた。というのは、その著者はスパイ活動や特別な資料で本の材料を集めたのではなく、毎日の新聞や雑誌、ラジオのニュースやいろいろな催事から、こつこつと興味のあるものを収集していたのである。

つまり、誰の目にもふれる情報の中から、ノリとハサミでスクラップを作り、それを細かく系統的に分析することによって、指揮官の名前、家族、クセ、友人関係などの膨大《ぼうだい》な資料を作成したというわけだ。まるで小説のような話だが、これは実話である。

このエピソードの教訓は何か。それは、誰もが目にする日常的な情報でも、目的意識と分析力があれば、敵国の指導者に恐怖心を与えるほどの資料が作れるということだ。これは資料作りの話だが、能力のある人がその気になれば、身近にあるものを利用して、かなりのことができるということは、読者にも想像できるのではないだろうか。

「できない理由」は外部ではなく、自分の中に存在する

今では、たいていの資料はインターネットで簡単に手に入るし、ノリとハサミを使ってスクラップブックを作らなくても、パソコンで簡単に情報の加工ができる。

だが、そんな世の中になると、ますます「できる人」と「できない人」の差が際だつ。調査・分析力にすぐれた人と、そうでない人が、同時に同じ条件で、ある目的の資料を作る競争をしてみれば、結果は明らかなはずだ。情報の入手が容易になったために、ごまかしが効かなくなったといえる。

「○○がないからできない」というのは甘えである。「できない理由」は外部ではなく、自分の中にあるのだ。そのことに早く気づき、みずからの考え方を鍛えてもらいたい。仕事のカベを破り、より大きな舞台で活躍している人の多くは、かつてどこかで、自分の考え方を研ぎ澄ました人のはずである。

ゲシュタポに連行された分析家の情報入手経路とは

誰でも手に入る情報（新聞・雑誌・ラジオ・催事）から
資料を集め細かく系統的に整理して分析をする

ナチスを驚愕させる膨大な資料を作成！

**「できる人」は与えられた状況の中で工夫し
最善の仕事を行う**

02 情報を鵜呑みにしてはいけない

情報を利用することは大切だが、鵜呑みは禁物。常に疑いの目を持って情報と接する姿勢が必要である。

私たちが日常ふれることのできる情報は、たいてい誰かの手によって加工されたものである。実験装置を前にしている研究者や、アンケートの生データを集計している人は別だが、新聞やテレビなどのマスコミ情報をはじめ、専門家の論文や本に書かれていることなどは、すべて加工された情報だ。

われわれの身近にある情報はすべて誰かに加工されている

私はもう何十年も前から、「情報を鵜呑みにするな」と口を酸《す》っぱくして語り続けている。なぜなら、情報には誤りがつきものだし、時には発信者の都合のいいようにねじ曲げられた情報も存在するからである。

たとえば、マスコミはバブル崩壊以降の日本経済を、ずっと「不況だ」と言い続けてきた。しかしその間、「史上最高益」を記録した企業がいくつあったかは、誰も確認しない。マスコミの特徴として、社会の悲しいニュースは大きく取りあげ、めでたい話は黙殺《もくさつ》するという風潮があるのだ。

「中国が日本を追い抜く」という話もその一つかもしれない。マスコミや専門家によると、あと数年で日本は中国の後塵《こうじん》を拝するようになるという。

確かに町にあふれる家電製品や衣料品の多くが中国製になったし、日本の大メーカーで、中国に工場を持っていないところは珍しくなった。中国の経済成長は毎年二桁を記録しているが、日本はかろうじてプラスを維持しているにすぎない。

それらから判断すると、マスコミの言うように、中国が日本に追いつき、追い抜く日が近いように思えるかもしれない。しかし、次の数字を見てほしい。

●日本　四・八兆ドル
●中国　一・八兆ドル

これは二〇〇五年のGDPを比較した数字である。これを見れば、いくら二桁成長を続けても、中国が日本に追いつくのはまだまだ先であることがわかるはずだ。日本と比較にならないくらいの広い国土を持ち、十倍の人口を抱える中国は、日本の半分以下のGDPなのである。そして、日本もわずかではあるがプラス成長なのだ。

間違った情報を信じてしまうと自分が損をすることになる

「追いつかれる、追い抜かれる。日本はもうダメだ」というマスコミの論調は、根も葉もない嘘っぱちでしかない。しかし、現実にはかなりの人々がそれを鵜呑みにして暗い顔をしている。残念なことである。

かつて「日米貿易摩擦」という経済戦争があった。貿易赤字に悩むアメリカが、日本の自動車と半導体の輸出に文句をつけてきたのが発端だ。

このときアメリカは、数字のごまかしや、屁理屈のオンパレードで日本を責め立てたが、日本のマスコミはその主張を鵜呑みにして、日本政府を責め立てた。日本の大衆もそれを信じてしまい、日本が悪いような印象を持ってしまった。その結果、日本のメーカーは輸出の自主規制など、大きな犠牲を強いられることとなったのである。

自分の足で集めた情報以外の情報は鵜呑みにしてはいけない！

03 結果を出したいなら現場に強くなれ

「現場」には貴重な情報がたくさん眠っている。仕事の原点は、お客と接する場所にあるのだ。

読者の多くは会社員であろう。であれば、会社がやっている「商売」の一部を担当しているはずだ。つまり、仕事といわれるもののほとんどが、商売のための何かなのである。「商売」と言うと泥臭い感じがするかもしれないが、ものづくりにせよ、企画にせよ、誰かが買ってくれなければ続かない。そのことを忘れて、一部の作業だけに集中するのは、正しい考え方ではない。

市場調査をしなくても現場で多くのことがわかる

商売にはお客がつきものである。下請けの工場なら、発注元の企業がお客だし、一般のメーカーなら大衆がお客だ。この人たちのことを抜きにしては、仕事で結果を残すことはできない。

ところで、いろいろな企業がお客の動向を知るためにさまざまな市場調査を実施している。多額の費用をかけても、それによって市場で優位に立つことができれば、長い目でみると得だということだろう。

しかし、私に言わせると、そんな大金をかけなくてもお客のことを知る方法はある。それは「現場」をよく観察することだ。

商品が売られている店頭、製品が使われている場所、サービスの接点。そういった現場には、エンドユーザーであるお客の貴重なデータがいくらでもある。

スーパーの店頭に行ってみたら、思いもかけないことが判明した

私がある味噌メーカーから相談を受けたときのことだ。そのメーカーはスーパーで味噌の販売が伸び悩んでいたのだが、原因がわからなかった。そこで私はスーパーに行き、実際の販売現場を検証してみることにした。

店頭に行ってみると、味噌のコーナーには、袋詰めされた各社の製品が棚いっぱいに並んでいる。お客は、その中からどれかを選んで買っていく。

しばらく見ているうちに、私はおもしろいことに気づいた。そのメーカーの味噌を手に取ったお客の中に、袋を裏返して棚に戻している人を発見したのだ。

おそらくその人は、袋の裏側に印刷されてある「この味噌の特徴」などを読み、何気なく棚に戻していたのだろう。しかし裏返しにされた袋には、その後誰も手を触れない。店員もそのことを知っていて、たまに袋を元に戻しに来ていた。

私は袋の裏側を見ていたお客に、何を読んでいたのかを尋ねてみた。すると、何も覚えていないという。つまり、商品を裏返すというのは、選択する中でほとんど無意識のうちに行われていたことだったのである。

この発見を元に、私は味噌のパッケージを表と裏で同一にするよう提案した。誰も読んでいないのなら、裏に特別な印刷をする必要がないからだ。その結果、その味噌の売上げは二割伸びた。

現場に行きさえすれば、誰もがそれに気づくというものでもないが、少なくとも現場に強くなることが、結果を出す一歩であることは間違いない。

売上げのヒントは“現場”にある

売上げの伸びない
ある味噌メーカーからの相談

まず現場をよく観察する
～スーパーの店頭にて～

現場からわかったこと

①無意識に袋を裏返すが、別に裏側を読んではいない
（裏側の印刷に意味がない）

②裏返されたまま棚にもどされた味噌は誰も手に取らない
（売れない）

「味噌のパッケージを表裏同じにする！」ことを提案

なんと

売上げが 2 割 UP!!

04 できるビジネスマンは大局的に判断する

ビジネスマンにとって「正確な判断を下せる」ことはとても重要。どうすればそれができるようになるのか。

仕事において、「判断」は非常に重要なものである。下っ端のうちは小さな問題についての判断しかさせてもらえないが、組織の上の方に行くにしたがって判断すべきことは大きくなり、トップになれば会社の命運を左右するような決断をしなければならない。

客観的な材料をもとに判断しないと致命的なミスを犯しかねない

ところで、「できる」ビジネスマンは、判断が的確である。それは、ものごとを大局的に考えるクセがついているからだ。逆に言えば、頭のいいビジネスマンになるためには、日ごろから大局的に考えるように訓練すればいいことになる。

反対に、いつも判断を間違えてばかりいる人というのは、問題を大局的にとらえず、局地的に見てばかりいる。ものごとの一部しか見ないで判断を下そうとするために、データ不足に陥っているのである。判断する材料が足りないので、そこに主観を入れて補足してしまい、選択を誤ってしまうのだ。

大局的に考えるというのは、主観をまったく交えず、論理的、客観的に思考することである。それは次の四つのプロセスで説明できる。

①問題を発見し、その状況を把握する
②解決する手段やアイデアを発想する
③解決策を絞り込み、最適案を選択する
④解決策を実行し、その結果を評価する

「思考のプロセス」を身につければ大局的な判断ができるようになる

最初のプロセスは、いわゆる「情報活動」である。どんな環境で何が起こっているのかを知り、自分たちにとって何が不都合なのかを明確化し、問題を起こしている要因を探る。そのために情報を集め、整理するのである。ここがいい加減だと、その後のプロセスすべてが狂ってしまう。

二番目は、問題解決の知恵を出す段階である。最初のプロセスで得た情報を組み合わせ、仮説を立てて検証する。ここでは、一つの考えにとらわれずに、発想の枠を広く取ることが大切になる。

三番目は、複数の解決策の中から、最適なものを選ぶ段階である。ただし、一つに絞ればいいというものではない。状況が変化すれば、別な案が最適になるかもしれない。また、どんなプランにも弱点がある。最適案に問題が生じた時の対策も、あわせて考えておくべきだ。

そして最後に、実行と評価のプロセスとなる。ここで予測した成果が得られない時には、すみやかに次の手を打つ必要がある。前の段階で考えておいた対策が役に立つかもしれないし、場合によっては最初のプロセスまで戻ってやり直す必要があるかもしれない。

以上のような「思考のプロセス」を、いつも無意識に頭の中で働かせることができるようになれば、自然に大局的な判断が下せるようになっているだろう。面倒くさがらず、興味を持って取り組んでいれば、そのうちに身につくはずだ。

仕事をおもしろがってやることが、成長の早道である。

できるビジネスマンは大局的なものの見方「思考のプロセス」を身につけている

思考のプロセスとは

プロセス①
問題を発見し、その状況を把握する

プロセス②
解決する手段や、アイデアを発想する

プロセス③
解決策を絞り込み、最適案を選択する

プロセス④
解決策を実行し、その結果を評価する

思考のプロセスが身につけば「木を見て森を見ず」なんてことはない!

遠くまでよく見えるぞ

この判断でよし!

無意識にできるよう日ごろから訓練する

若いころからの積み重ねが将来活きてくる

ビジネスにおける大局的な判断が可能!

05 「販売の神様」はどこが凡人と違うのか

「販売の神様」には経験と直感力がある。ふつうの人が彼らと同じような成績を上げるには、何が必要か。

かつてはどのメーカーの工場にも「神様」と呼ばれる熟練工がいたものだ。彼らは勘と経験にものを言わせて、神懸《が》かり的な判断を下したり、困難な仕事を鼻歌交《ま》じりにやってのけた。

「神様」のテクニックをまねても同じレベルには到達できない

それよりずっと数が少ないが、販売の世界にも「神様」は存在する。なぜ少ないのかといえば、製造現場がものを相手にするのに対して、販売は人間が相手だからである。人間はものよりもずっと複雑なので、熟練するのが難しいのだ。

クルマのセールスや保険の販売で全国一の成績を上げている人たちは、見かけはどこにでもいるふつうの人間だ。では、何が彼らを「神様」たらしめているのだろうか。

このとき、具体的な販売テクニックをいくら観察しても、あまり意味はない。何を売るか、誰に売るかによって、販売手法はさまざまに変化するからである。

基本となるポイントは、「直感力」と「経験」である。直感力によって「お客が喜んでくれる行動」を察知し、それを経験の中で繰り返しながら積み上げたものが、販売テクニックとして実を結んだのだ。

「熟練」という言葉を、世間では簡単に使うが、なにごとにおいても熟練するためには「繰り返し」が存在しなければならない。同じことの繰り返しがあるからこそ、安定して正しい結果を出す「熟練」が成り立つのである。

役に立つ「繰り返し」を発見すれば販売の神様に近づくことができる

たとえば、あるお客を相手に営業していた時、たまたま商談に入る前におもしろい話をしたら喜ばれたとしよう。それを次のお客に試してみて、それでもうまくいけば、その手は多くの人に通用するのかもしれない。これが「繰り返し」である。

世の中はそれほど単純ではないから、その仮説は試行する中で細分化され、応用され、変化していく。その中からよい結果を生むものだけを抽出し、一般化することに成功した人。それが「神様」と呼ばれる人たちなのである。

ただし、彼らは論理的に考えてそういうものを身につけたのではないかもしれない。「皮膚感覚」とでも呼ぶべき直感力で、毎日の仕事で対面するお客に「繰り返し」を発見しているのだとも考えられる。

いずれにせよ、販売の神様たちは、凡人が見過ごしてしまうような現象の中から、売るためのヒントをつかんでいるのである。

残念ながら、すべての人にそのような「皮膚感覚」を期待することはできない。その代用として考えられた科学的手法が、「統計理論」である。統計的な方法を正しく適応することができれば、天分に恵まれていない人でも販売の神様になることができる。

ただし、そのためには統計理論に対する正しい知識が欠かせない。せっかくの道具も使い方を間違えれば意味がないからだ。

職人の世界では
天性の素質（直感力）のある者が
仕事を通じて繰り返し熟練する
ことによって「神様」となる

職人の神様

町工場にいる世界一！

販売の世界でも
人間に対する皮膚感覚（直感力）の
ある者が経験を繰り返し積むことで
「神様」となる

販売の神様

日本一の販売成績を上げています

でもそれはほんの一握りの人たちの話
普通の人には絶対無理なこと…

だが…

**科学的手法である「統計理論」を正しく理解し
使いこなせばふつうの人も「神様」になる**

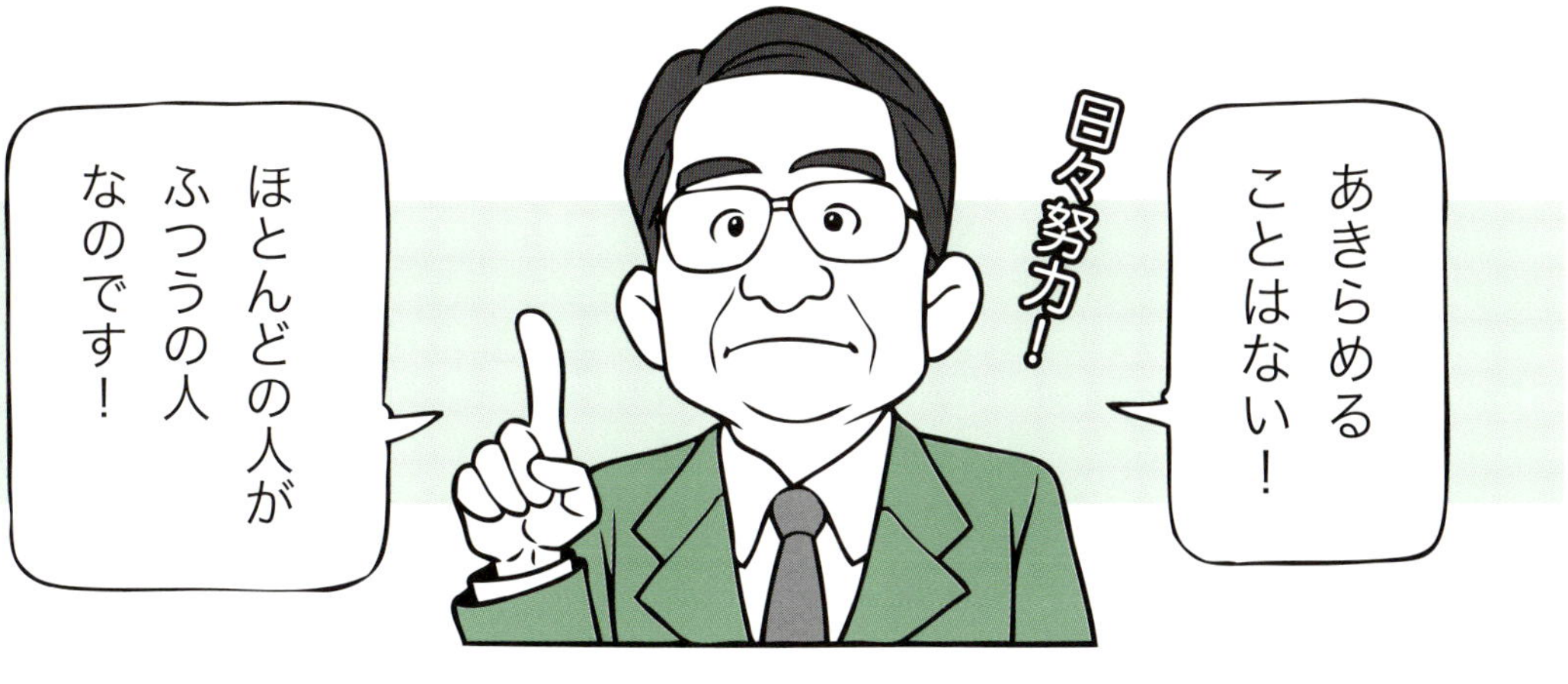
あきらめることはない！
日々努力！
ほとんどの人がふつうの人なのです！

06 私が実践した豆腐屋再生のテクニック

「売れなくなったので、商売替えをしたい」と言ってきた豆腐屋に、私はデータ分析の手法を手ほどきした。

ビジネスを成功させるためには、販売の方法を研究することが不可欠となる。販売の方法が適切でないために、潜在力のある商品を扱っていながら利益を出せずにいるというのは、よくあるケースだからだ。

調べながら考えることで目に見えなかった事実が発見できる

たとえば、私は戦後すぐの時代に東京の中央線沿線にある高円寺という駅の近くに住んでいたのだが、ここでおもしろい経験をした。毎日リヤカーを引いて売りにくる豆腐屋と親しくなったのだが、彼にちょっとしたアドバイスをして、営業成績を劇的に向上させたのである。

当時そのあたりは、焼け跡にできた新興住宅地で、住んでいるのはサラリーマンばかり。急速に人口が増えたために、商店の数が足らず、いろいろな移動販売がやってくるようになったのだ。

しかし、儲かるとわかると競争相手が増える。私が親しくなった豆腐屋も、ある日「もう商売替えをしたい」と言ってきた。売れ残りが多くなったので、やっていけないというのである。

せっかく縁ができてつき合うようになった豆腐屋が、みすみす潰れるのを黙って見ているわけにはいかない。それに、この豆腐屋の豆腐は安くてうまかった。そこで私はこう言って知恵を授けた。

「明日から時計を持って豆腐を売りに行くように。町内の地図を渡すから、どの場所で何時何分に豆腐が売れたかを書き込んで、毎日持ってくること」

半信半疑の豆腐屋だったが、とにかく藁《わら》にもすがる思いだったに違いない。毎日地図に時刻と経路を書いては私のところに届けてきた。そのデータが半月分たまったころ、私は豆腐屋を呼んでまた指示を出した。

「明日からこの地図の通りに回りなさい。時刻が書き込んであるから、その時間にその場所にいて、三分間ラッパを吹いて止まっているように」

半月分のデータから、豆腐を買う客の行動が意外に時間に正確であることを見抜いた私は、最大効率でお客と遭遇できるようなパターンを見つけ、それを指示したのである。

「ムダ」と思う前にやってみるすべてはそこから始まる

サラリーマンの家庭は、主人の出勤時間に合わせて動いている。したがって朝の味噌汁のために豆腐を買う時間は、毎日それほど狂いがない。私が見つけた最大効率の販売法で売上げを二倍半にまで伸ばしたその豆腐屋は、その後儲けて自社ビルを建て、食品会社のオーナー社長となった。

もしこの豆腐屋が私のアドバイスを「そんなことやってもどうせムダだろう」といい加減に聞き流していたらどうなっただろうか。おそらくその後の成功物語は存在しなかったに違いない。

人の言うことは自分の頭で評価せず、まずやってみることだ。それが貴重な経験を蓄積する元となる。

戦後まもないころ…
豆腐屋
うちの豆腐は安くてうまいけど
ライバルが多くて商売あがったりだよ
商売替えしようかな
著者
やみくもにやっても駄目さ
まずは"調査"
やめる前にまずやってみなよ
時計
地図
リサーチを半月実行！
よし！やってみるか！
6:30
6:35
6:51
7:01
7:15
7:06
7:08
7:22
7:31
豆腐屋さん♡
くださいな
豆腐店
へい
まいど
豆腐の売れた場所
時間を記録する
データを分析
このルートで
売るんだよ
なるほど
やってみます!!
最も効率的な
販売経路が
見えてくる！
売上げが
2.5倍!!
よし

07 誰もが「うまい」とほめる料亭の秘密

「勘と経験」がものを言う世界に統計的手法を持ち込み、売上げを急増させた料亭があった。

これは名古屋のある料亭の話だが、勘と経験でしか実現できなかったことを、統計的な手法で解決した、典型的な事例である。

「お客様カード」を作ることで売上げが急増した

その料亭は、ある時期から急に売上げが増えた。「おいしい」と言って来店するひいきのお客が増加したのが原因だ。それも一部の味にうるさい人だけがほめるのではなく、訪れる回数の多いお客がみな喜んで通ってくるのである。

聞けば、板前が交代したのでもなく、メニューをいじったわけでもないという。ではなぜ、急に評判が良くなったのだろうか。

その種明かしは、次のようなことだった。その料亭には、これまでに食事したお客のデータが、カードの形できちんと整理されて保管されていた。来店客の食事を下げる時、仲居さんが食べ残した料理やお酒を調べ、そのカードに記入していく。それを見れば、どんな料理が好まれて、どんな料理が好かれていないかが一目瞭然《りょうぜん》なのである。

これは板前さんにとって、とても貴重なデータベースと言える。新しい料理を提供しても、その反響がデータでわかるので、安心してトライすることができるからだ。部分的に改良を加える時も、試行錯誤しながら良い結果のものだけを残していくことができるのである。

おなじみのお客が来る時には、必ず事前にこのカードをチェックし、前に残した料理は決して出さない。すると、お客の立場から見れば、自分の好きな料理ばかりが出てくることになる。

どの人にも好きな料理しか出てこないのなら、評判が悪いはずがない。かくして、この料亭は人気が急上昇したのである。

「古き良き時代」のテクニックを科学的手法で実現

じつは、このようなことは古き良き時代の料亭では当たり前のことだった。大切なお客が来ると、板前が座敷に挨拶に出て、ご祝儀をいただく。そこで一言、二言会話を交わし、そのお客が帰る時には、何を残したのかを板前がチェックする。昔はそうやって、板前がお客の好みを記憶していたものだ。

しかし、それができるのは客数を絞った高級料亭だけである。この名古屋の料亭のように、少し庶民的な店になると客数が多くなり、すべてのお客の好みを記憶することなど不可能になる。板前も料理を作ることに専念するから、よほどのお客でなければ、わざわざ出ていって挨拶することなどない。それでは、顔を覚えることもできない。

その問題を科学的手法で解決したのが、この店が導入したお客様カードによるデータの蓄積である。これが統計の応用であることは、言うまでもない。また、データは正しく収集されて、はじめて役に立つ。この料亭は「何が好きか」という調べにくいデータではなく、「何を残したか」という誰が見ても間違えようのない事象を記録した。これが功を奏したのである。

売上げ急増の料亭の秘密は お客様カード を作ることにあった!!

勘と経験に頼っていた情報を、統計理論の応用で貴重な情報のデータベースとして実現したので「古き良き時代のサービス」が可能になる！

08 なぜ「市場調査」は役に立たないのか

市場調査が役に立たない理由は二つ。何のために調べるのかを念頭に置いておかないと、意味がなくなる。

日本のオートバイ産業を世界一のレベルに押し上げた功労者と言えば、誰もが本田宗一郎氏の名前を挙げるだろう。その氏がかつて、こんなことを言っていた。

「女心と市場調査はあてにならん！」

　こう言われても仕方のないような調査が、世の中にはたくさんある。どこの会社でも、何か新しいことをする時は調査がつきものだが、調査結果が決め手になってうまくいったという話は、意外に少ないのである。

調査データは一つの影にすぎない。光の当て方でさまざまに変化する

市場調査が役に立たない理由は、次の二つである。

・役に立たないことを調べている
・データを役立たせる方法を知らない

　二番目の項目は、誰にも納得してもらえることだろう。どんなに正確を期してデータを集めても、その読み方、結論の出し方を知らなければ何にもならない。文字通り、「宝の持ち腐れ」である。

　一方、最初の項目は、冗談のように思えるかもしれない。役に立たないことを調べて、有益なものが得られるはずがない。大の大人がそんなバカなことを、と笑うかもしれない。しかし、実はこのケースが案外多いのだ。

　調査結果や、それを整理したデータというものは、実態そのものを示しているのではなく、一つの「影」である。影は光の当て方次第で、いかようにも形を変える。だから、へたな方向から光を当ててしまうと、とんでもない影ができて実態を推測することが不可能になってしまう。

　丸い盆《ぼん》は、上から光を当てることで、はじめて丸いものであることがわかる。真横から光を当てた場合にできる影は、一本の棒でしかない。それでは、箸と間違えてしまうだろう。

「何のための調査か」を考えないとお金をドブに捨てることになる

　暗闇で象をなでた人が、さまざまな報告をしたという笑い話がある。長い鼻にしかさわらなかった者には、太い足や大きな耳は想像することができない。大きなお尻をなでただけで全体像がわかったら、それは超能力者である。

　だから、調査をする時には「どのようにデータを収集するか」を計画することが大切になる。そこで計画した以上のデータを集めることは不可能なのだ。

　また、よく陥《おちい》りがちな罠《わな》が、「最終的に何を求めているか」を考えずに調査を始めてしまうことである。たとえば、「市場調査の結果、消費者はスポーツカーを求めていることがわかりました」と言われても、そのメーカーが作っているのがトラックだけだったら、調査自体が無意味である。

　これは極端な例だが、お金を払って調査会社に頼んだ結果、それに類する結論がもたらされるケースは少なくない。

　近視眼的に「調査をすればいい」という考えでいると、往々にしてこのような落とし穴にはまってしまうのである。

象はどんな生き物か調べてみよう

市場調査が役に立たない理由

①役に立たないことを調べている
②データを役立てる方法を知らない

大金をかけた市場調査も案外こんなものです

09 「知るための調査」と「行うための調査」

知識ばかりを増やす調査は、企業の収益に直結しない。企業には、判断の基準となる調査データが必要だ。

「知るための調査」とは、消費者の嗜好《しこう》調査や流通動態調査など、さまざまな問題を解決するための推理に役立つデータである。つまり、そのデータがあるからと言って、自社の商品が売れる保証は何もない。

「知るための調査」は知識を増やすが売上げには直結しない

市場の様子を少しでも詳しく知り、実態をより正確に把握するための材料。それが「知るための調査」である。

しかし、市場に関する知識ばかりを増やしても、具体的な方策が導かれなければ何にもならない。市場に対して何かの手を打たなければ、販売は促進されないのである。

それに対して、「行うための調査」は、「判断」の材料である。間違いのない判断を下すための基準を求めるもので、こちらは企業の経営に直結する。

私は販売時点の調査以外にはあまり興味がない。それは、「知るための調査」は金がかかりすぎ、再現性が悪いからだ。そして、そこから次のステップにスムーズに移行できない。つまり、「知るための調査」から「行うための調査」へのシフトのことである。これがうまくできるのは、機密保持、再現性、費用すべての点から見て、販売時点での調査が一番である。

蓄積したデータは役立てなければ「宝の持ち腐れ」

たとえば、わが社の製品Aについて、「雨の日は売れ行きが鈍る」という調査データが出たとしよう。販売部門としてはさらに突っ込んで「なぜ雨の日はAが売れないのか」を調べる一方で、「どうしたら雨の日もほかの天気の時と同じような売れ行きに持っていけるか」も調べなければならないが、そのたびに調査会社に依頼して新しくデータを取るのは現実的でない。

次々と仮説を立てて対策を考え、それを実行に移して結果を見る。その流れの中での調査でなければ役に立たないが、そのためには調査を人任せにせず、自分たちで考え、実行できるようにしておかなければならないのである。

今、実に多くの企業が顧客の行動についてのデータを取っている。たとえば銀行はATMの稼働データをすべて保存しているはずだから、「口座番号何番の誰が、何月何日にどこの支店の機械でどんな操作をしたか」はすべてお見通しである。それらを効果的に役立てようと思えば、頭を働かせるだけで、それこそ無限にアイデアが湧いてきそうなものだが、現実には何もしていない。

そのために、せっかく蓄積したデータが宝の持ち腐れとなり、宝だという意識も薄いものだから、「顧客情報流出事件」などを起こしてしまうのだ。それほど、販売を科学的に行う姿勢は、まだ一般化していないということなのである。

「知るための調査」ばかりしていると、会社の金庫にお金がいくらあっても足りないことになる。大切なのは「行うための調査」である。

ある商品が売れない

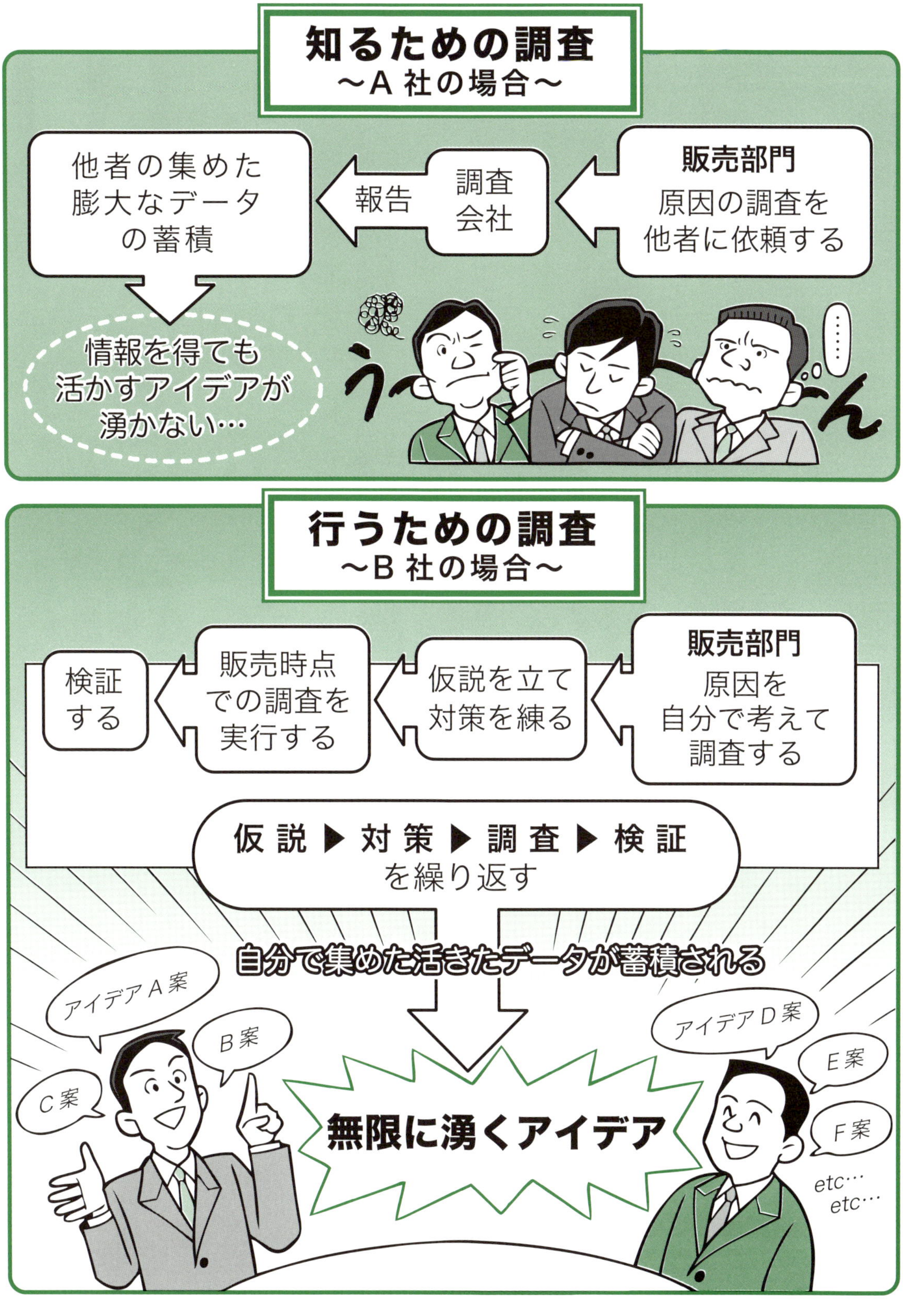
知るための調査
～A 社の場合～
販売部門
原因の調査を
他者に依頼する
調査
会社
報告
他者の集めた
膨大なデータ
の蓄積
情報を得ても
活かすアイデアが
湧かない…
う～
ん
……
行うための調査
～B 社の場合～
販売部門
原因を
自分で考えて
調査する
仮説を立て
対策を練る
販売時点
での調査を
実行する
検証
する
仮説▶対策▶調査▶検証
を繰り返す
自分で集めた活きたデータが蓄積される
無限に湧くアイデア
アイデア A 案
B 案
C 案
アイデア D 案
E 案
F 案
etc…
etc…

10 基本的な統計の数字は常に頭に入れておく

情報を選別したり、真偽を判断するためには、自分の物差しが必要。基礎統計の数字もその一つだ。

プロローグの章で申し上げたように、われわれが見聞きする情報の多くは、誰かの手によって、何らかの目的を持って加工されたデータである。特に、数字の添えられていない言葉だけのものは、実態とかけ離れた「ムード」であったりするから要注意だ。

そのような実態と異なる「嘘情報」にだまされないためには、どんなものでも疑ってみる姿勢が大事である。ただし、やみくもに疑うだけではいけない。それでは単に疑心暗鬼になるだけだ。

基本的な統計の数字を知っていると変な意見にだまされなくてすむ

よそからもたらされた情報が正しいものであるかどうかを確かめるためには、まず自分の物差しを当ててみることだ。その場合の物差しとは、自分で信頼できると確信しているデータである。

そのデータには、自分が生で見聞きしたものが含まれるが、もちろんそれだけでは不足だろう。その場合の補足になるのが、お役所や公的機関が発表している各種の基礎統計である。

かつて私がテレビの座談会に出席した時、司会者がこんなことを言い始めた。

「日本はものを作って売るのはうまいが、その元になる技術は外国から買っている。しょせん日本のものづくりは猿まねにすぎない」

それに対して私は直ちに反論した。

「あなたの主張の根拠になっているのは、どこが発表しているどのような数字ですか。私の持っている統計では、日本は五年前から技術の収支が黒字になっています。基礎技術を外国から買っているのなら、この数字が大幅な赤字でなければおかしいのではないですか」

司会者はあわてて別のテーマに話を変えた。おそらく彼は、確たる根拠なしに、伝聞をそのまま口にしたのだろう。しかしマスメディアの威力は大きいから、単なるデマでも真実と思い込む人がたくさん出てしまう。そこで私は反論したのだが、もしもふだんから基礎統計に目を通していなかったら、彼の主張をこれほどまでにきっぱりと否定することはできなかっただろう。

成果を出す人は、自分に必要なデータをきちんと記憶している

インターネットで調べてみれば、いろいろなお役所や公的機関が膨大な統計資料を発表していることがわかる。ホームページに出ている概要を見るだけでも、参考になるはずだ。販売されている資料に関しては、自分の仕事に直結するものだけを買えばよい。専門書を買うよりも安く手に入るはずだ。

かつて松下幸之助氏は、製品の重量を聞いただけで、製造コストと部品の原価をピタリと言い当てた。さまざまな部品の重さと価格を記憶しているからできたことだ。そこまでいかなくても、基本的な統計数字を把握していれば、妙な情報に踊らされることはない。成果を出せる人は、自分に必要なデータをちゃんと持っているものだ。

これは、現代の情報戦を勝ち抜くために最低限必要なことである。

情報の真偽を判断するために自分の中に物差しを持つ

自分の仕事に直結する
基礎統計の数字は記憶しておこう

物差しがしっかりしていれば情報に流されない!

11 生命体から生まれたフィードバックの技術

生命体の研究から生まれたフィードバックの技術は、販売の世界に応用すると強力な武器になる。

システムを自動制御する考え方の中に、「フィードバック」という技術がある。コントロールの結果を検証し、それを再びコントロールの材料に使うことである。

乗り物の自動制御はフィードバックがなければ使いものにならない

月にロケットが行けるのも、無人運転の電車がぴたりと所定の位置に止まるのも、このフィードバックの原理があるおかげといえる。やってみて、行き過ぎたら修正し、足りなければ追加する。この繰り返しによって、複雑なシステムを遠い目標に近づけることができるのである。

仮に、東京湾から伊豆の大島まで、いっさいフィードバックを使わないで船を自動的に運航しようとしてみると、天気や気温、潮流、当日の乗客数や積荷の量などをどんなに緻密《ちみつ》に測定し、航路を精密にプログラムしようとしても、誤差が出ることは絶対に避けられない。

フィードバックの考え方を使わなければ、東京湾を出るのも難しいかもしれない。どんな幸運に恵まれたとしても、大島に着くことは不可能だろう。

うんと身近な例でいえば、「手を伸ばしてテーブルの上のみかんを取る」という動作がフィードバックによってコントロールされている。

新聞を読むのに夢中になっている人は、みかんまでの距離が正確に何センチか、方角は何度かなどを測定したりはしていない。適当にそのあたりに手を伸ばし、そろそろ近づいたかと思うところに片目で確認して「もうちょい右」「もう少し先」と手を動かしてみかんをつかんでいるはずである。

生体が日常的に用いているフィードバックの原理を「サイバネティクス」と呼ぶ。ロボットや自動機械を作るときになくてはならない概念なので、ひところ流行した言葉だ。

私はものを売るときに、このサイバネティクスの考え方が必要不可欠と思っている。売りながら調べ、調べながら売るのにサイバネティクスが最適だからである。

アメリカの新聞は販売部数をサイバネティックスで予測している

アメリカの新聞は日本と違ってほとんどがスタンド売りであるが、その印刷部数をどうやって決めているか、ご存じだろうか。日本の新聞ほどは部数が出ていないが、それでも数百万部という印刷部数は、数字を読み違うと大きな損失になるはずだ。

その日のトップニュース、プロスポーツの勝敗、天気、気温、季節。そういった要因をすべて織り込んで販売予測を立てなければならないが、一番確かな売れ行き予測は、早刷り版を売っている店頭で売れ行きを見て決定するものである。

どうするのかというと、アルバイトの小僧さんを、早刷り版を売るスタンドにカウンターを持たせて配置するのである。最初の十分間で何部売れたかを報告させれば、過去のデータとの比較対象で、おおよその予測部数がはじき出せる。そこでその数字を元に印刷現場に指示を出すというわけだ。

モノを売るときに必要不可欠な サイバネティクス（フィードバックの原理）

※アメリカの新聞販売の場合

12 必要なのは「好奇心」と「目的意識」

役に立つ情報を集め、素晴らしいアイデアを生み出す原動力は、好奇心と目的意識の組み合わせである。

どんな仕事にも「クリエイティブであること」が求められるが、豊かな創造性を生み出す源泉は、どんなものにも興味を示す「好奇心」である。

「若さ」とは肉体的な年齢ではなく、「好奇心の強さ」のことをいう

もともと人間は生まれながらにして好奇心を持っている。だから、子供は好奇心の固まりである。ところが歳を取ると好奇心がどんどん失われていき、何を見てもつまらなくなって最後に墓に入るのである。

だから、若さとは年齢ではなく、好奇心の強さだという見方もできる。若いのに何を見ても感動しない、驚かないという人は、体が若いだけで心は年寄りである。反対に、何歳になってもいろいろなことに興味を示す人は、永遠の若さを保っているといえる。

そのような好奇心が、予想外の情報を収集し、蓄積する原動力となる。だから、自分の好奇心に磨きをかけ、ブレーキをかけないようにすることが大事である。

そしてさらに大切なのが「目的意識」である。創造性には精神の集中が必要だが、それをするためにはエネルギーがなければならない。そのエネルギーを出す元が、目的意識というわけだ。

人間は、平穏無事な太平ムードの中ではいい知恵が出てこない。追い詰められて、これは大変になったという気持ちから、すばらしいアイデアが生まれるのだ。

時間が充分あるのにいつまでもぶらぶらしていて、土壇場になるとねじり鉢巻きで頑張るというやり方は、だらしのないスタイルに見える。しかし、早くから準備をしていれば、もっといい仕事ができるかというと、必ずしもそうではない。追い詰められていないと出てこないのが、知恵というものの特徴なのである。

極端な話だが、人類の進歩の原動力に戦争の果たした役割が大きいと言われるのはこのためである。日本の業界で、国際競争力を持っているのは、過当競争の連続していたところだ。

「頭のいい人」とは「好奇心」と「目的意識」を使いこなす人のこと

優れた人というのは、成功の中に次の危機を発見することができる。そのことによって成功に溺《おぼ》れることなく、常にみずからを追い詰め、解決策を求めて努力する。そのようにして、いつの日かすばらしい飛躍を遂げるのである。

その時に、自分がどの方向に進みたいのかを意識していれば、さらに良い結果が得られる。日常で見るもの、ふれるもののすべてが、その目的に結びついてくるからだ。

「仕事のカベを破る人」とは、こうした活動ができる人のことなのである。あらかじめ決められた問題を正確に早く解くことのできる人のことではない。

自分の「好奇心」に磨きをかけ、常に「目的意識」を持っていれば、必ず「仕事のカベを破る人」になることができる。そのことを信じていることだ。

「頭のいい人」とは「好奇心」と「目的意識」を使いこなす

すばらしいアイデアを生み出すことができる

13 「環境への適応」が問題解決の本質

難問を解決するためには、常に相手や条件といった環境に適応することを考えなければならない。

問題を解決する時に、見落としがちだが重要な考え方がある。それは「環境への適応」ということである。

相手や条件が思い通りにならないことが「問題解決の本質」なのだ

私たちは毎日、大小さまざまな問題にぶつかる。そしてそれをなんとか切り抜けながら生きている。

「パソコンで電子メールを送るにはどうしたらいいか」とか、「得意先まで電車で行くには、どの路線を使えば一番早いか」といった程度の問題なら、そう苦労はしない。いつ誰がやっても答えは変わらないし、パソコンの説明書や時刻表に従えば、自分一人で主体的に解決できるからだ。

そのように、自分一人の都合で解決できる問題というのは、1＋2とか、3×4といった簡単な算数の問題を解くのと、基本的には変わらない。方法さえわかっていれば、あとはテクニックの問題である。

しかし、本当に重要な問題というのは、こんなふうに単純ではない。

外交や軍事、企業経営や家庭内のトラブルといった問題には、すべて相手や条件があって、自分の思い通りにはならない。これこそが、問題解決の本質なのである。

自分では最善だと思っても、相手に逆の手を打たれれば最悪の結果になりかねないし、同じような場面に出会っても、相手が違えば答えはすべて変わってくる。また、同じ相手であっても、いつも同じ対応をしてくるとは限らない。

これは当たり前のことのようだが、問題を解決するためには、他者との関わり合いの中で考えることが重要なのである。それが「環境適応の発想」というものだ。

「環境への適応」を考えなくていいのは圧倒的な強者だけである

計算式にたとえてみれば、自分を取り巻く環境の変化という「変数」がいくつかある中で、答えを求めるようなものだ。そこに正確な情報を代入しないと、正しい答えは得られない。

欲に駆《か》られたり、見栄を張ったりして行動すると失敗するのはそのためだ。自意識過剰になった結果、周囲の動きや思惑といった環境からの情報が見えなくなってしまうのである。

日本のスポーツ選手は、試合前のインタビューなどで「相手は関係ない。自分のプレーをするだけです」という言葉をよく口にする。求道者の言葉のようで、一見頼もしく聞こえるが、じつはこれが危ない。

対戦相手がそれを読み切って、万全の対策を講じてきても勝てるほど、圧倒的な力の差がなければ、そういうことを口にすべきではない。

試合に勝つことを一つの問題解決ととらえれば、相手の調子や出方を探りながら、それを上回るにはどんなプレーが必要かを、臨機応変に選択しなければならないはずだ。いくら自信があっても、「自分のプレー」がいつも勝つための正解であるとは限らない。これを「一人相撲《ずもう》」と言うのである。

問題とは常に自分の思い通りにはならないもの

自分と相手との関わり合いの中で解決策を考えていく

「環境適応の発想」が重要だ！！

水はどんな形の入れ物（環境）にも入ります

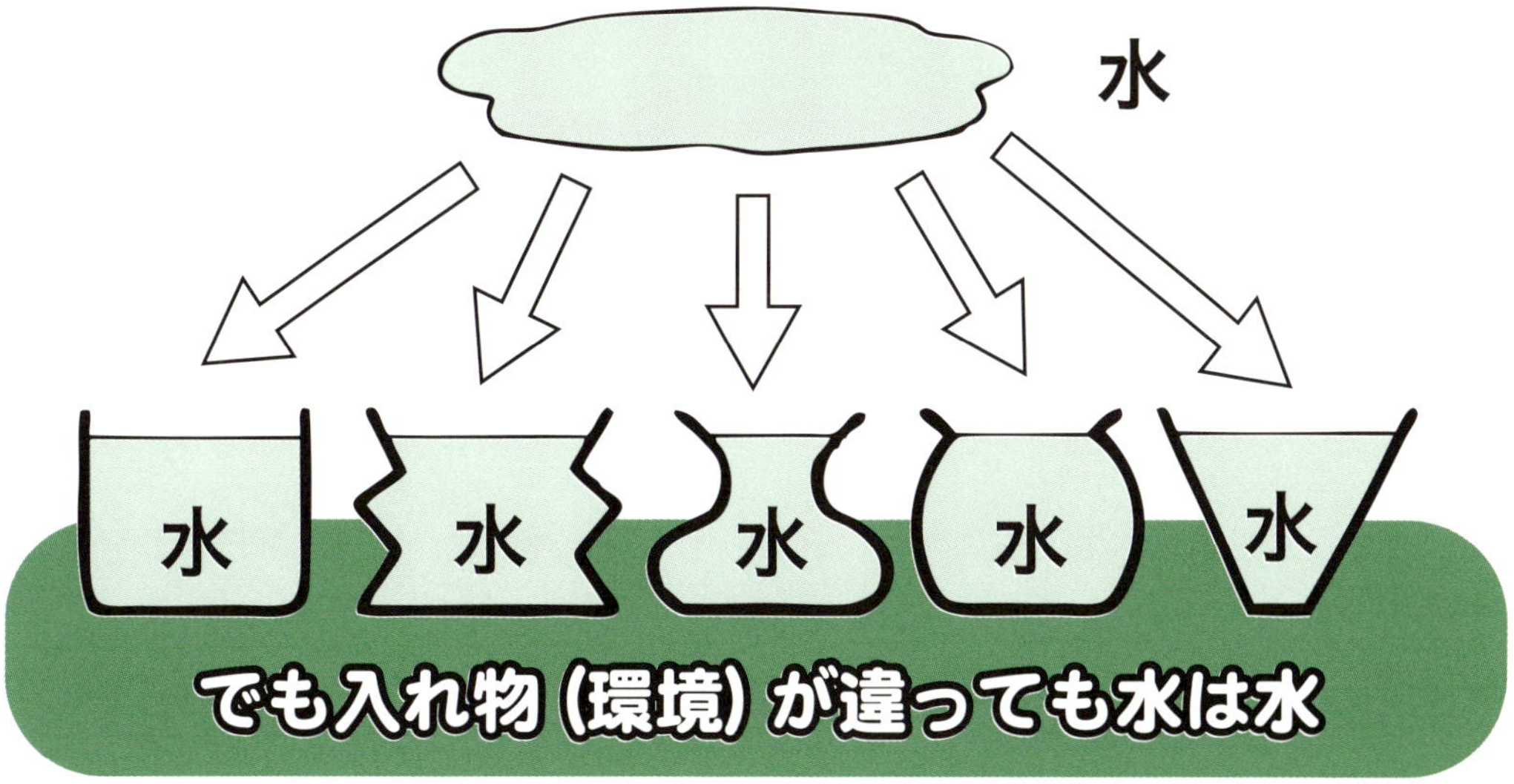

相手や条件に合わせて常に臨機応変に対応する

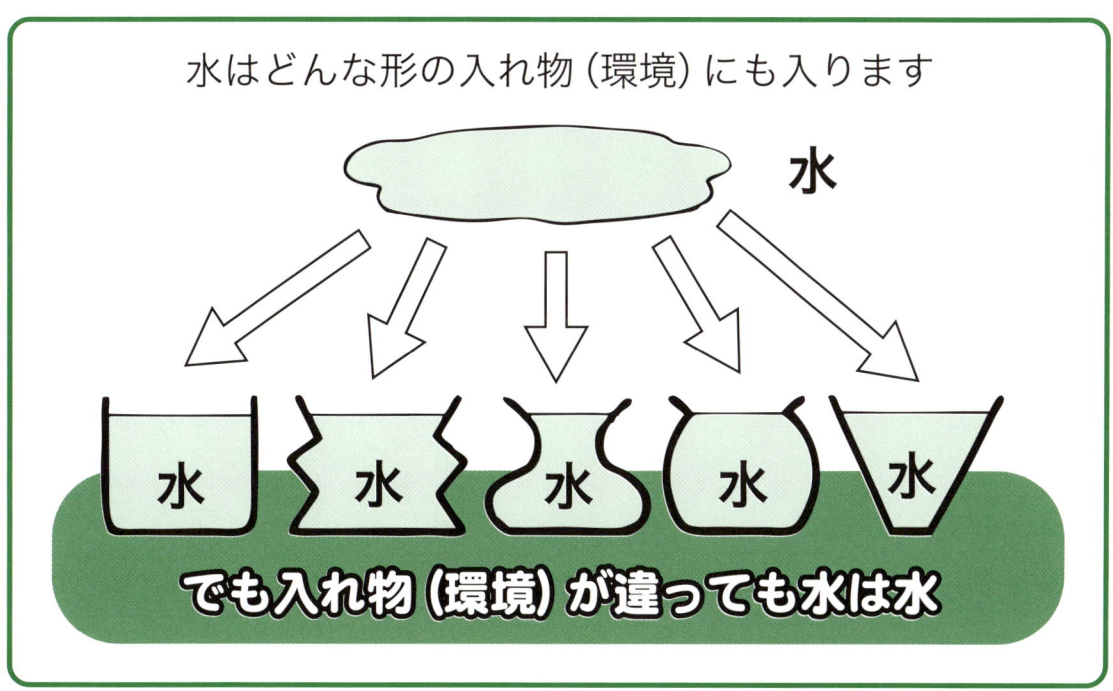

14 「問題」は利害の対立から生まれる

社会における問題とは、すべてが利害の対立によるものだ。その解決には、しばしばブラフも使われる。

私たちの社会は、個人、企業、国家など、あらゆるレベルの構成員が常に協力し、また対立するというコンフリクト（葛藤）の上に成り立っている。

問題解決とはなまなましい現実との闘いにほかならない

そこでは、一方が得をすれば、もう一方が損をするという「ゼロ・サム」の状態がふつうであり、政治家がよく口にする「最大多数の最大幸福」などというようなものは、現実からかけ離れた夢物語に過ぎない。

とはいうものの、誰もが「自分だけは損をしたくない」と思っているから、至るところで人々の利害がぶつかり、絡《から》み合う。そこに問題が発生するのだ。

言い換えれば、問題解決とは、常識や道徳の規範で単純に白黒をつけられない、なまなましい現実との闘いにほかならない。それこそ、生き残りをかけた食うか食われるかという場面になれば、白黒をつけるどころか、黒も白と言いくるめるくらいの手練手管《てれんてくだ》が必要となってくる。

たとえば、誰もが何食わぬ顔で使っているのが、ブラフ（脅迫）による問題解決である。「脅迫」とは穏《おだ》やかでないが、これはハーバード大学のビジネススクールでも教えている、経営理論あるいは意志決定理論の一つの成果である。もともとはトランプのポーカーゲームで、自分の手が相手より弱いことを知りながら、掛け金をつり上げ、自分の手が勝っているように見せかける技術をいう。要は、はったりで相手を心理的に追い込むかけひきだ。これを交渉で効果的に使えば、一気に優位に立てる。

日本の不況は、マスコミが「不況だ、不況だ」とあおったために生じた、消費マインドの冷え込みによるものだが、一度締まった財布の紐《ひも》は、なかなか緩《ゆる》まない。

消費者は財布の紐をいかに締めるかを考え、逆に企業はいかに緩めさせるかに頭を悩ます。企業と消費者の利害が激しく対立し、商いの現場が食うか食われるかの状況になっているのだ。

消費者を脅《おど》してものを買わせる「ブラフ」のテクニック

こうした場面では、ブラフの技術がひんぱんに繰り出される。

「人気商品を本日に限り超お買い得価格でご提供。ただし先着三十名様までとさせていただきます」

「こんな世の中ですから、何が起きるかわかりません。ご家族のために保険をお考えになっては？」

「リストラ時代をいかに乗り越えるか。全サラリーマン必読の一冊」

「この映画を見ないと、あなたは流行に乗り遅れる」

こうした売り文句はすべて、直接あるいは間接の脅迫である。「こうしないと損をしますよ」という脅しのメッセージが言外に含まれているのだ。なんだ、そんなことか、と思うかもしれないが、ブラフの技術はそれほど身近に使われている手口なのである。

ブラフ（脅迫）による販売テクニック

消費者（お客）に「買わないと損をしているような」錯覚を与えるブラフ（脅迫）のテクニック

街にはあの手この手のブラフがあふれています

15 「コロンブスの卵」は幼稚な解決法

誰もが知っている「コロンブスの卵」の逸話には、もう一つの知られざる教訓があった。

「コロンブスの卵」の逸話は、誰でも聞いたことがあるだろう。誰もができないと思っている問題を、発想の転換によって解決するというたとえである。

「できないと思っているから、できないのだ」

十五世紀のイタリアの探検家コロンブスが、それまで中近東経由の陸路で苦労しながら向かうしかなかった、東洋への新しい交易ルートを求めて大西洋を横断し、その結果、偶然にアメリカ大陸を発見したことは、広く知られている歴史的事実だ。

このときコロンブスは、その冒険に必要な資金を得るため、当時興隆を誇っていたスペインの女王イザベラ一世に援助を願い出た。その席上で「海路で東洋に行けるわけがない」と言い張る女王の臣下を前に、彼はこう言ったのである。

「卵を立てることができますか」

満座の人々に「できっこない」と嘲笑される中、彼はゆで卵を取り寄せ、机の上にドンと押しつけた。卵は殻の端が潰れて、みごとに立ったのである。コロンブスは勝ち誇って言った。

「できないと思っているから、できないのだ」

この彼の気迫に感銘を受けたスペイン王室は、コロンブスへの援助を決定し、彼は成功の待ち受けている冒険に出発することができたのだった。

卵は潰さなくてもちゃんと立つ。コロンブスも先入観に毒されていた

これはあまりにも有名なエピソードである。しかし、発想の転換の見本のように言われ続けてきたこのコロンブスのやり方は、問題解決の視点に立てば、あまりほめられたものではない。

なぜなら、卵は殻を潰さなくても、そのままでちゃんと立つからである。嘘だと思うなら、試してみるといい。根気よくバランスを取れば、誰にでも立てられるはずだ。

確かにコロンブスは「卵は立たない」と思い込んでいた人々の固定観念をくつがえしてみせた。しかし「卵はそのままでは立たない」という制約条件にとらわれている点では、彼もまた彼をあざ笑った人々と同じなのである。

そのために彼は、「卵を立てられるか」という問題に対して、厳密に言えば「立ったように見せる」という目的設定に回避せざるを得なかった。先入観にとらわれ、「あるべき姿」により近い問題解決の可能性を狭めてしまったのである。

たかが卵一つのことであるが、このエピソードに含まれる教訓は大きい。

というのも、コロンブスはみずからが発見した「新大陸」を、死ぬまで東洋の一部だと思い込んでいたからである。東方交易の道を開くことだけを冒険の目的と定め、それ以上の成功の可能性があるとは夢にも思わなかったのではないだろうか。

これが「先入観」というものの恐ろしさである。自分の考えを常に疑い、「もっと先」がないか調べてみる態度を持ちたいものである。

問題解決の視点に立ってみれば「先入観」にとらわれると解決策の可能性を限定してしまう

発想の転換のエピソードとして有名な「コロンブスの卵」だが…

「卵は立たない」（先入観にとらわれている）

一般大衆
卵が立つわけがない！
（固定観念）

コロンブス
形を変えれば立つ！
（目的設定の回避）

解決策の限定

実は卵はバランスの取り方一つで立つ
「卵は立たない」という先入観にとらわれなければ
「卵を潰さないで立たせる」という解決策もある

16 報道番組を変えた「ニュースセンター」

今ではニュース番組の定番となっている「ニュースセンター」だが、発端は飛行機事故だった。

私は戦後、電電公社（現NTT）にお世話になっていたが、ちょっとした縁で松下幸之助さんに引き抜かれ、設立したばかりの松下通信工業（現パナソニックモバイルコミュニケーションズ）で働くことになった。最初の仕事は銀座の交通信号をコンピュータ管制にするものだった。

次の仕事はNHKに「ニュースセンター」を設立することだった。といってもNHKから依頼があったのではない。不幸な事故を契機として、日本のニュース番組を変えようと私が考えたからだった。

事故現場に出遅れたことが「ニュースセンター」のきっかけ

不幸な事故というのは、一九六六年二月四日に起きた全日空機の墜落事故のことである。この日、札幌を発って東京に向かっていた全日空のボーイング727型機が東京湾に墜落、乗員乗客合わせて一三三名が全員死亡するという惨事となった。

当時のニュースは、現場で取材した映像を編集し、アナウンサーが原稿を読むというもので、何よりまず現場の映像が大事である。ところがNHKは取材に出遅れてしまい、他局は東京湾フェリーを借りて放送機材を積み込み、東京湾の現場を撮影しているというのに、まだ陸地でうろうろしていた。

これは困ったというときに、たまたま私がその話を聞きつけ、スタジオに誰か専門家を招いて詳しく解説してもらってはどうかという提案をした。誰がいいかというので、木村秀政氏に私が電話をかけ、出演を承諾してもらった。

木村さんは私が戦時中に勤めていた航空研究所の先輩研究員で、長距離飛行の世界記録を樹立した航研機の設計と整備を担当、戦後は名機と言われた国産旅客機YS11の開発リーダーを務められた、日本航空界の重鎮である。事故の重大性を認識して、NHKに来てくれたのだが、解説は非常にわかりやすく、番組は好評だった。

翌日私はNHKに出向き、これからのニュースは解説が命になるから、あらゆる資料と映像をすぐに取り出すことのできるニュースセンターを作るべきだと力説した。そして当時の金額にして六億円で建設したのだが、このときNHK側で協力してくれたのが、のちに「ニュースセンター9時」で看板キャスターとなった磯村尚徳さんだった。

誰もやったことのない仕事をやると、おもしろいように仕事が舞い込む

このニュースセンター誕生以来、日本のテレビニュースは一気に変わったと言える。おもしろいことに、私が発案して手がけたニュースセンターは、ロシアやアメリカのNBCから「同じものを作ってくれ」という注文を受けることとなった。誰も作ったことのないものをやると、こういう濡れ手で粟のような話が舞い込んでくるのだ。

余談だが、「ニュースセンター9時」の最後のキャスターとなった木村太郎は、私の家内の弟である。不思議な縁というのもあるものだ。

きっかけは
不幸な事故
全日空羽田沖墜落事故
1966年2月4日ボーイング727-100型機墜落
羽田空港
千 歳
飛行場
当時のニュース番組
アナウンサーが原稿を読む
編 集
現場の取材映像
その後の報道番組の流れを変えた
NHK「ニュースセンター」を設立
専門家の解説
あらゆる資料と映像
をすぐに取り出せる
解説者
司会者

17 高円寺に「阿波踊り」を導入した話

今一つメジャーになりきれない高円寺の町の活性化に、私は阿波踊りの導入を提案した。

私が高円寺に住んでいた時代のエピソードに「高円寺に阿波踊りを導入した」という話がある。高円寺の阿波踊りは夏のイベントとして、もはやすっかり定着したが、もともとは商店街の親父さんたちに頼まれて私が提案したものだったのだ。

どうしたら高円寺の町をメジャーにすることができるか

JR中央線の駅は、新宿方向から見ると、中野、高円寺、阿佐ヶ谷と続く。地図を見ればわかるが、東西にまっすぐに伸びた線路が住宅地を横切っていて、地形的な特徴は何もない。

前から開けていた中野に対して、高円寺は今一つメジャーになりきれない。商店街の人たちはそれが歯がゆくて、「何とか人を集める方法を考えてもらえないだろうか」と私のところを訪ねてきたのである。

豆腐屋の一件（14ページ参照）で、私はものづくりのためのさまざまな手法が、販売に役立つことを再確認し、そのおもしろさにちょっと魅せられていた。

そこで、「じゃあ、何か考えてみましょう」と引き受けることにした。

ちょうどそのころ、私の勤務先である松下通信工業の仕事で、徳島県に行く用事があった。取引先の部品工場を訪ねることになったのである。タイミングがよく、徳島は阿波踊りの真っ最中で、私はその明るくエネルギッシュなイベントに目を見張った。

特に気に入ったのは、それが「閉鎖型」ではなく「一般参加型」の祭りである点。日本のたいていの祭りは閉鎖型で、たとえば浅草や神田の御輿《みこし》は、事前に担ぎ手が決まっている。

しかし阿波踊りは、「連」というチーム単位ではあるものの、飛び入り参加はどこでもOK。そのために、阿波踊りのシーズンは徳島の町全体がこの祭り一色になる。

私は「高円寺に必要なのはこのイベントだ」とひらめき、帰京するとすぐに商店街の親父さんたちを集めて言った。「高円寺で、阿波踊りをやりましょう」

最初にゴール地点を決めてしまいそれから解決方法を考える

「なぜ徳島と縁もゆかりもない高円寺が阿波踊りなんだ」という疑問に対しては、私はこう答えた。

「みなさんは、とにかく高円寺に人を集めてにぎやかにしたいのでしょう。その結果、阿佐ヶ谷よりも、中野よりも有名で人の集まる商店街にしたいのでしょう。だったら、四の五の言わずにまず阿波踊りをやることを決めましょう。そして、細かいことはそれから詰めていきましょう」

これは、東海道新幹線を作ったときと同じ方法だ。まず目標を定めてしまってから、方法を求めていくのである。

「高円寺に人を集めたい。それには阿波踊りが適当である。ではどうすればできるのか」と、答えを出してから問題を解くのだ。

高円寺はこの結果、阿波踊りで大量の人出を動員できるようになった。今では藤沢もまねをして阿波踊りをやっている。

まず目的を決めてから方法を求める！！

目的

高円寺を有名にして人が集まるにぎやかな町にする！

方法

阿波踊り
一般参加型の明るく
エネルギッシュな祭りは
まさにピッタリ！

では阿波踊りを行うためにはどうすればいいのか？

踊りはどうする？
お囃子は？
いろいろ問題は
あるけれど…
まず
やってみよう！

現在
目的の達成

高円寺　東京 阿波踊り
夏のイベントとして定着！！

18 「新幹線方式」の問題解決法は強力だ

システム全体をゼロから作り、大成功を収めた東海道新幹線。このやり方はほかにも応用できる。

東海道新幹線が開通したのは今から四十年以上前の一九六四年のことだが、私は開通する直前に、東京から名古屋の区間を飛行機から眺める機会を得た。

東京の通勤圏全体よりも東海道新幹線の方が儲かっている

その時に思ったのは、「すごい路線ができたな」だった。レールがとにかく一直線なのである。それに比べると在来線は、山や谷を越すために曲がりくねっていて、どんなに高性能の列車でも、時速二百キロのスピードで走れないことはすぐにわかる。

東海道新幹線は開通以来、一度も事故らしい事故を起こしていない。一日に三百本近い列車を走らせているのに、四十年以上も事故を起こしていないというのは驚異的な安全性である。

また、JR東日本が東京の通勤圏全体で上げている収益は八千五百億円あまりだが、東海道新幹線は単独で一兆円近くを売り上げている。山手線や埼京線、中央線に総武線といった、超過密ダイヤでいつも混雑している路線を全部合わせたよりも、東海道新幹線一本のほうが儲かるのである。

このような大成功を実現させた背景には、最初の大胆な発想がある。新しい線路を建設し、そこに新しい方式の新しい列車を走らせるというプランが採用されなければ、東海道新幹線というビッグビジネスは存在していなかったのだ。

大きな変革が必要な時には「新幹線方式」が威力を発揮する

新しいものを取り入れる場合、部分だけでなく、社会全体、システム全体を変えなければ、成功の確率は低くなる。ちまちまと既存の線路に改良を加えても、時速二百キロで走ることは不可能なのだ。

曲がりくねった在来線にこだわらず、新規格の線路をまっすぐに引き、そこに新規格の車両を走らせる。世界一速い列車を世界一安全に運行させるという目的のために、すべてをゼロから発想したからこそ、東海道新幹線は誕生できたのである。

何か大きな変革を推し進める時は、このようにものごとの原点に戻り、システム全体から変えていく方法論が有効である。私はこれを「新幹線方式」と呼んでいる。

たとえば日本の社会で問題になっている教育と農業だが、私はどちらも「新幹線方式」でやれば再生できると考えている。

教育の現場に必要なのは、同じ時間でどれだけ教育効果が上がるかという生産性の改善である。これまでの効率の悪い方式をゼロに戻して、日本が世界一を誇っている品質管理の発想を取り入れればよい。

農業の場合は、秋田県大潟村や北海道の道東地区で成功している大規模農業を、全国的に展開すればよい。日本の農地は肥沃《ひよく》で、日照、雨量ともに申し分ない。この環境が活かせていないのだから、既存のやり方にこだわる必要はない。

新幹線方式による変革ができれば、日本におけるさまざまなボトルネックが、一気に解消するだろう。

大きな変革を成しとげるためには
ゼロから発想し、システム全体を変えていく方法論
「新幹線方式」が有効だ！！

新幹線方式とは

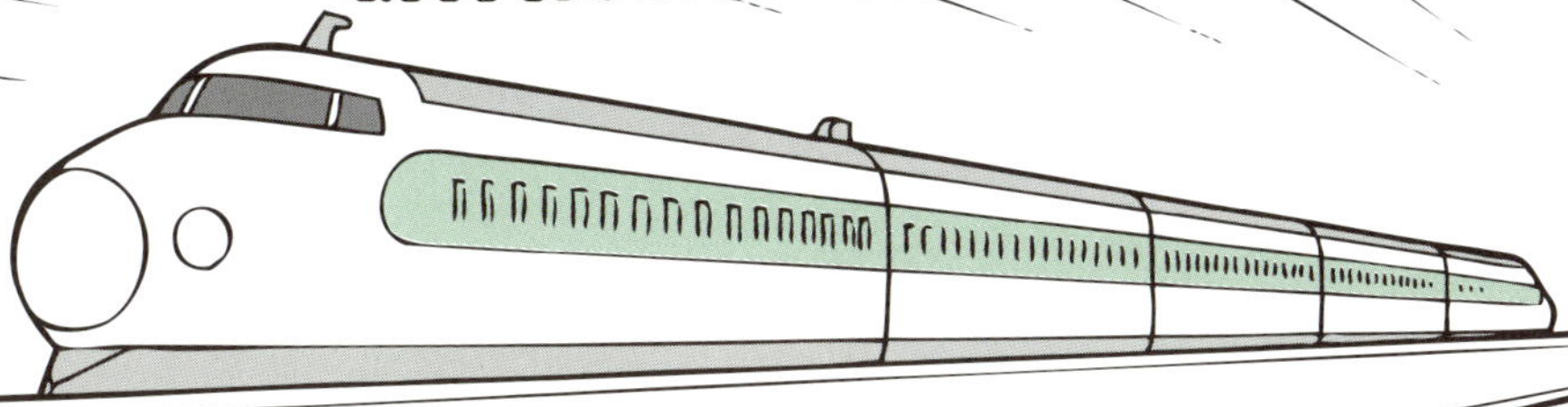

東海道新幹線
1964 年　東京～新大阪間で開業

目　的

新規格の世界一速い列車を世界一安全に運行する

方　法

曲がりくねった在来線の利用は無理

▽

ゼロからの大胆な発想

目的地まで一直線の専用路線を新しく作る！

一大プロジェクトの実施

結　果

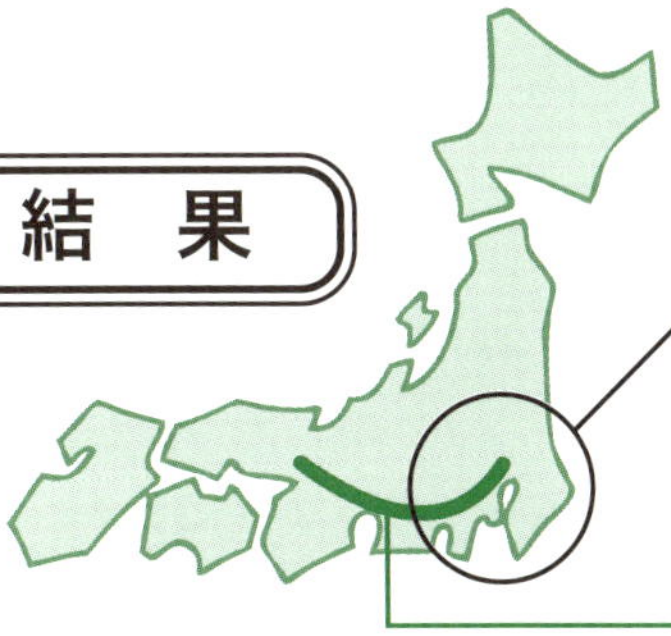

東京の通勤圏全体の売上げ
8500 億円よりも

東海道新幹線単独の売上げ
1 兆円近くという大成功をおさめる！

19 マッチングが問題をチャンスに変える

突然のひらめきのように表現される新しいアイデアは、じつは過去の知識を新しく組み合わせた結果なのだ。

予測とは、未来を言い当てることにほかならない。しかし、行動と結果の必然性を証明するのに利用できるのは、現時点を含めて過ぎ去った過去の情報だけである。つまり、過去においてこうだったから、未来でもこうなるに違いない、という理論によって立つしかないわけだ。

新しい発想とは、過去の知識の新しい組み合わせに過ぎない

ただし、過去に偶然起きたことを根拠にして予測を立て、その通りの結果が得られたとしても、それはまぐれ当たりでしかない。偶然ではなく、再現性のあることが確認された情報しか、予測には使えないのである。

こういうことを言うと、「それでは新しい発想など生まれないではないか」と言う人もいるだろう。しかし、そういう人は予測や発想というものを、まるで天の啓示のように考えてはいないだろうか。

問題解決の枠組みとは、論理的・分析的な思考のプロセスである。問題を解決するためのアイデアは、発見したり、ひらめいたりするものではなく、言ってみれば「設計」するものだと考えるのが正しい。どんな発明や発見、あるいは理論であっても、自分がそれまでに学習し、ストックしておいた知識や技術を新しく組み合わせなければ、出てくるはずがないからである。

ここで重要なのは、過去に知り得た情報の「新しい組み合わせ」という考え方である。この組み合わせの妙、すなわち「マッチング」こそがアイデア開発のポイントであり、問題解決に携わる者の腕の見せどころといえるだろう。

特殊相対性理論の発見が誰の功績かは言うまでもないが、科学史の専門家の間では、仮にアインシュタインがいなくても、彼の理論は少なくとも数年以内に別の誰かによって発見されただろうと言われている。

また、ほかのほとんどの発明や発見も同様だと考えられている。つまり、科学技術の進歩とは、一人の天才によって偶発的にもたらされるものではなく、いわば歴史の必然として、時代そのものが求め、導き出す変化というわけである。

アジアの夜を変えたカラオケもマッチングによるアイデアだった

画期的な理論も、結局は過去の知識のマッチングだとわかれば、「自分には才能がない」とぼやいている人にも、チャンスがめぐってくる気がしないだろうか。過去の知識を掌握《しょうあく》し、時代に合わせた新しい組み合わせを見つける。これができるようになれば、問題が解決できるだけでなく、大きなチャンスを手にすることもできる。

放送業界で当たり前に使われていた伴奏だけの楽曲を、一人のバンドマンが素人の娯楽向けに商品化したのが「カラオケ」だが、これもマッチングの技である。カラオケ演奏の入ったテープを再生装置と組み合わせ、コインを入れるとマイクの歌声と伴奏が流れるという仕組みは、アジアの夜を変えたと言われている。

これは産みの苦しみなのだ！
う〜っ
今に新しいアイデアが天から降ってくる
残念ながら…
問題解決のための新しい発想やアイデアは天から降ってくるものではない！
「新しい発想やアイデア」とは過去に学んだ知識や技術の「新しい組み合せ」によって生まれる

現場の調査
及び
検証と分析
今までストックした
知識や技術
沈
思
黙
考

新しい組み合せ（マッチング）

問題解決に適した新しいアイデア

努力に勝る才能はない
著者
発奮して努力を続けましょう！

20 「情報」と「経験」の量がアイデアを生む

経験の中で情報を蓄積していくと「パターン認識」が生まれる。これは問題の解決に役に立つ能力だ。

毎度のことだが、日本の経済について専門家たちは、難解で複雑な議論ばかりを繰り返している。そんな彼らに「この品物の原価はいったいいくらか」と尋ねても、おそらく答えることはできまい。そういうことを考えたこともなければ、考える必要に迫られたこともなかったからである。

腕時計の原価を私に当てられてシチズンの社員が驚いた

私は松下幸之助さんや三洋電機創業者の井植歳男さんをはじめとするすぐれた経営者の方々にずいぶん鍛えられた。井植さんからは、応接室のクリスタルの灰皿を指さされ、「君、これの原価がわかるか」と質問されたこともあった。

おかげで、私はどんな品物を見ても、おおよその見当がつけられるようになった。たとえば、腕時計の中身を見て、その原価を当てたこともあった。

腕時計の中身のことを「ムーブメント」というが、これの世界シェアの三割を生産しているのが、日本のシチズン時計である。あるとき私はシチズン時計を訪問したのだが、時計のふたを開けて中を見せてもらった瞬間に、同社のムーブメントの原価がすぐわかった。

「これは×××円でしょう」と私が言うと、向こうの社員は飛び上がって驚いた。原価の話というのは、企業にとっては秘中の秘だからである。絶対に外部には漏らさない。それが、時計については素人のはずの私に当てられたのだから、驚くのも無理はない。下手な手品を見せられるよりも、ずっと不思議だったに違いない。

そのムーブメントの原価は、訪問する前に想像していたよりもずっと安かった。しかし、その原価だからこそ、世界のシェアの三割を押さえられたのである。

経験から生まれるパターン認識がすばらしい判断やアイデアを生む

このように、一つのテーマを追いかけているうちに身についた直感的な経験知識を「パターン認識」と呼ぶ。ある分野の情報に繰り返し接することで、そこに共通のパターンが存在することがわかり、それを応用して瞬時に判断が下せたり、新しいアイデアがひらめいたりするようになるのだ。いわゆる「眼力が鋭い」とか「目が肥えている」というのは、このパターン認識のことである。

昔は質屋の小僧になると、まず徹底的に「本物」を見せられ、覚えさせられたという。本物に対するパターン認識ができあがれば、そのパターンにはまらないものを「にせもの」として見分けられるようになるからだ。現代でも、画商などは同じようにして訓練されている。

世の中に生まれつきすごい才能を持っている人などほとんどいない。みな経験の中で情報を蓄積し、パターン認識を磨いていっただけのことである。本を読んで知識を得るのもよいが、パターン認識はそれからは生まれない。大事なのは現場で目にする生の情報なのである。

骨董屋や画商、質屋などは「本物」に触れて学ぶことで「にせもの」を見抜く目を養う！

彼らは修業時代の小僧のころから「本物」を見て学ぶ

1つのテーマを追いかけて「現場で触れる生の情報」を学んでいくうちに、身についてくる直感的な経験知識を「パターン認識」と呼ぶ

「パターン認識」を磨くと企業の秘中の秘の情報を読み取ることができる

「パターン認識」で腕時計の中身「ムーブメント」の原価がわかる

21 営業の知恵は四つのステップから生まれる

やみくもに頭をひねっても、営業のためのよいアイデアは出てこない。四つのステップを覚えておこう。

営業は体力ではなく知恵の勝負である。そして知恵、すなわちアイデアとは、40ページでも説明したように、過去の知恵の新しい組み合わせにほかならない。誰であっても、見たことも聞いたこともないものから何かを生み出すのは不可能であるからだ。

人から聞いたすばらしい話も実体験にはかなわない

そうなると営業のための知恵には、次の四つのステップが必要なことがわかる。

①事実を知ること

知恵が過去の知識の組み合わせであるなら、その原料になるものをたくさん持っていた方が有利なことは言うまでもない。タネがたくさんあれば、それだけ組み合わせの可能性も多くなる。

それらの知識は本を読んで仕入れても、人の話を聞いてもよいが、一番大切なのは自分自身で実際に体験することである。世の中でどのようなことが起きているかの事実を、みずからの手でふれてみるのである。本も人の話も、すべては事実そのものではなく、誰かの頭の中を通過してきている。だから必ずそこで一度ふるいにかけられて、事実の一部しか伝わらないことに注意すべきである。もちろん事実に直接ふれても、全体から見ればその一部だろうが、そこから受け取ることのできる情報の質と量は、人伝えの時に比べてはるかに優れている。

②規則性を発見すること

事実の中には多くの規則性なり繰り返しなりがある。経験が役に立つ世界には必ず規則性があるのだ。規則性のあるものだけを拾い出し、これを組み合わせるのが知恵である。学問でいう法則も、このようにして発見された規則性といえる。

ただし、法則には寿命がある。自然科学の法則は比較的寿命が長いが、教科書に載っている有名な法則でも、それに合わない事実が一つでも発見されれば、その法則は否定される。そして経済学や社会学における法則は、自然科学よりもはるかに寿命が短い。そのことをわきまえておく必要がある。

アイデアは出すだけではなく、評価が伴わなければならない

③組み合わせを作ること

一般にアイデアとか推理とか言われる作業である。ここで大切なのは、自由な精神である。何を考えても、何を発言しても差し支えない、という空気がなくては組み合わせが増えない。考えることの自由が抑えられているところでは、独創的な仕事が生まれることはほとんどないのだ。

④評価ができること

すばらしいアイデアマンというのは、評価の達人である。世間の人が口にしないような珍しいことを言う人はいくらでもいるが、それをきちんと評価することができないと、アイデアマンとは言えない。

以上の四ステップを経てアイデアを出すクセをつけていけば、営業の知恵はいくらでも出てくるだろう。また、営業に限らずほかの仕事でも、このプロセスは役に立つに違いない。

百聞は一見に如かず

膨大な情報量
1回の体験
相応の情報量
百冊の専門書

営業のアイデアは4つのステップを経て出てくる

ステップ①

事実を知ること（自分自身で体験する）

ステップ②

規則性を発見すること（体験した事実の中からパターンを見出す）

ステップ③

組み合わせを作ること（何にもしばられずに自由に考える）

ステップ④

評価ができること（客観的に判断する）

4つのステップで考えるクセをつけましょう
このプロセスは他の仕事でも役に立ちます
著者

22 「売り込まなくても売れる」やり方とは

販売競争でしのぎを削らなくてもすむ方法はないか。どの企業もそれを求めて日夜努力を続けているのだ。

究極の商売とは、何もしなくてもお客が勝手に買いに来るような状態を維持することだ。いわゆるマーケティングとは、「売り込まなくても売れていく」ようにするための学問である。

人間が相手の販売の世界では、「因果律」が通用しない

ただ、言葉で言うのは簡単だが、現実に販売のための努力をしていないのに売れて困っているような企業はほとんどない。みな、あの手この手で知恵を絞り、少しでもライバルよりも優位に立とうと必死である。

その中で、比較的うまくいっているところは、「オンリーワン」といわれるシェアトップの会社や、ニッチ（隙間）中のニッチに特化して、ライバルのいない市場を開拓したところである。肩を並べる競争相手がいないのなら、商売は楽になるはずだ。

販売のやり方でライバルに差をつける方法もある。レンタルやリースという手法は、高額な機械を手に入れやすくするアイデアにほかならないし、メンテナンスやリサイクルをともなう商品では、お客の囲い込みにつながる。それもまた「売り込まなくても売れていく」仕組み作りといえる。

ところで、ものづくりの世界は機械や金属、プラスチックなどが相手だが、販売の世界の相手は人間である。これがなかなか一筋縄では行かない存在で、中途半端に「わかったつもり」になっていたりすると、とんでもない目に遭わされたりする。

人間は感情の動物と言われるが、「感情」とは要するに「理屈通りでない」ということであって、物理や化学の世界を支配する「因果律」が通用しない相手なのである。したがって、販売の世界には「これさえ覚えておけば大丈夫」という法則や公式がない。あったとしても的中率五割程度の、きわめて頼りないものでしかない。

売り方がわからなければお客に聞く。それが市場調査だ

それでも販売で功を奏する方法がないわけではない。その一つが「市場調査」で、要するに「お客のことはお客に聞け」というものだ。これを上手に使うことができれば、少なくとも調査した時点での事実はわかる。

そのために大切なのは、調べる姿勢と売る姿勢に齟齬《そご》があってはならないことだ。タイミングと方向性、目的が一致していれば調査は有用だが、たとえば時期がずれただけで役に立たなくなってしまう。

販売力を伸ばし、最終的には「売り込まなくても自動的に売れていく」仕組みを持つためには、「売るもの」すなわち製品やサービスの優秀性が大事なのは言うまでもないが、同時に「売り方」も優秀である必要がある。後者を実現するには、売りながら調べ、調べながら売るという、調査と販売が一体となった姿勢が欠かせない。

人の感情は公式通りにはいかない。したがって、推論するのではなく、ひたすら調べることが大切になる。「売り込まなくても売れる」ためには努力が必要なのである。

「売り込まなくても、売れる仕組み」を作るためには「売るもの」と「売り方」が優秀であることが必要！

「売るもの」が優秀
- オンリーワンの商品（高品質・高性能・低価格）
- ニッチ中のニッチな商品（特殊化）

「売り方」が優秀
- レンタル・リース・メンテナンス・リサイクル等の販売手法

販売の世界（人間相手の商売）で効果的な方法

市場調査
『お客のことはお客に聞け！』

有効な調査

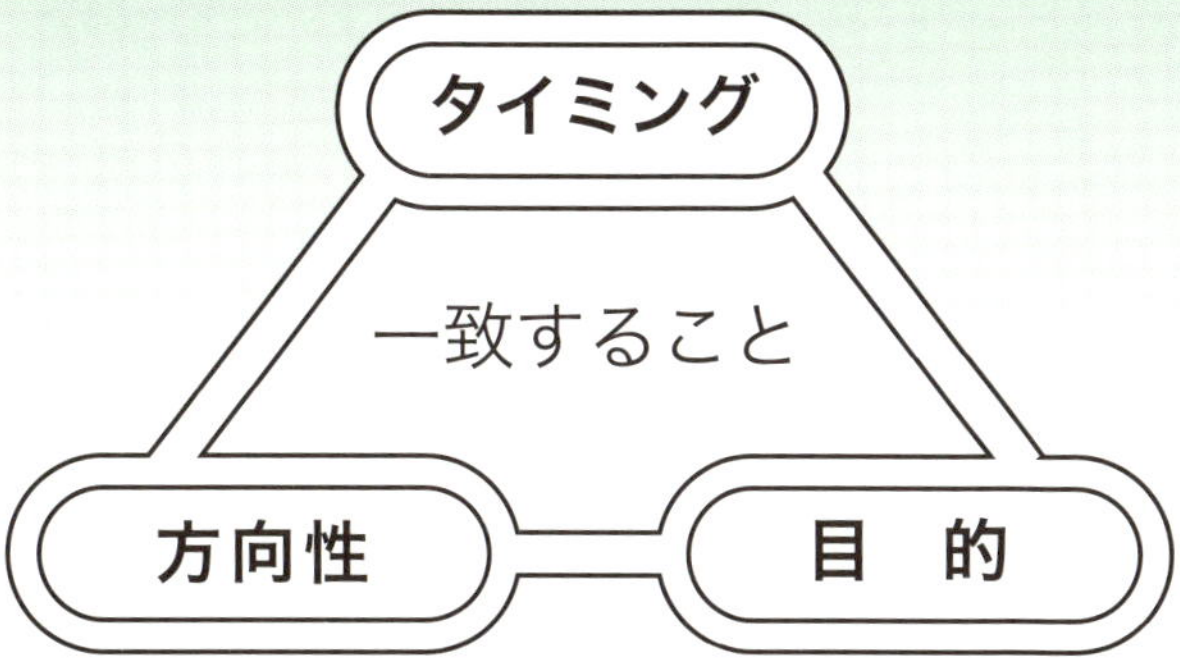
タイミング
一致すること
方向性
目　的

お客
販売員

販売と調査は表裏一体、売りながら調べ、調べながら売る！

著者
地道な努力あるのみ
その中から売り方の新しいアイデアも生まれます

23 商売とは「付加価値」の競争である

売値から仕入れ値を引いた付加価値は、企業の儲けに直結する。商売の競争とは付加価値の争いなのだ。

「付加価値」とは簡単に言えば、売値から仕入れ値を引いた差額のことで、「儲け」と同義である。

付加価値の大きな仕事をすれば儲けもそれだけ大きくなる

日本に輸入される鉄鉱石の価格は、トン当たり三千円以下である。これを鋼材にするためには、コークスや石灰石も必要になるが、それらを加えても一万円にはならない。しかし、これらから作られる鋼材の価格は、トン当たり約十万円である。すなわち、価値が十倍に跳ね上がり、九万円の付加価値がついたわけだ。

これを使って小型乗用車を作ると、約百万円の価格となる。小型乗用車はだいたい一トンくらいの重さなので、鋼材から見れば十倍、元の原料から見れば百倍に価値がふくらんだことになる。付加価値は九十万円である。

同じ人数、同じような設備で仕事をするなら、付加価値の大きな仕事をすれば、儲けは大きい。または同じ量、同じ価格の原材料から、よりロスが少なく、より品質の高い製品を生み出せば、そうでないよりも儲かるということである。すなわち、商売とは付加価値の競争であるというわけだ。

現在の日本のメーカーは、付加価値の大きな製品で勝負をしている。ハードディスク内蔵ＤＶＤレコーダー、ハイブリッドカー、大画面プラズマテレビ、カメラつき多機能携帯電話、超小型ノートパソコンなどだ。

付加価値の小さな普及品、廉価品に関しては、中国や東南アジアなどのメーカーに市場を譲り渡している。土地が高く、労賃の高い日本で、付加価値の低い仕事をしても儲からないからである。そのからくりを知らずに中国製品が家電売場にあふれているのを見て、「中国に追い抜かれる」と騒ぐのは、早計である。

日本のメーカーは製造設備と部品で付加価値を稼いでいる

そして一般の人はあまり知らないが、世界中に売られている日本製品の代表は、完成品ではなく製造設備や部品である。高性能で故障知らずの日本製設備と部品は、全世界でひっぱりだこなのだ。もちろん中国のメーカーでも日本製の製造設備や部品が使われている。中国が伸びれば伸びるほど、日本製品が売れる仕組みになっている。

ところでＧＤＰとは「国内総生産」と訳し、その国の経済力の指標として使われているが、この数字の意味をご存じだろうか。ＧＤＰとは、その国の全産業の付加価値額を合算したものなのだ。

日本のＧＤＰは世界第二位。一位のアメリカは日本の二倍の数字である。アメリカの人口は日本の二倍なので、一人当たりに直せばＧＤＰは同じくらいであることがわかる。超大国アメリカと同等に稼いでいるというのが日本の実情だ。

このような数字を残しておきながら、「不況だ」「日本はもうダメだ」などと悲観的なことを口にするのは、実態とかけ離れている。日本はまだまだ大国なのである。

商売とは付加価値の競争
（付加価値が大きければ儲けも大きい）

付加価値 ＝ 儲け

儲けの仕組み ～小型自動車の場合～

1tの原材料（鉄鉱石、コークス、石灰石等）の価格　1万円

▽ 9万円の儲け

1tの鋼材の価格　10万円

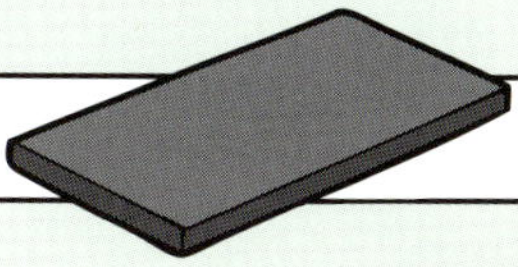

▽ 90万円の儲け

小型自動車（約1t）の価格　100万円

あまり知られていませんが日本製品の代表とは
高性能で故障知らずの製造設備や部品です

アジア・ヨーロッパ諸国へ

北アメリカ・南アメリカ諸国へ

アフリカ諸国へ

オセアニア諸国へ

全世界に売れていることを知っていますか？

GDP（国内総生産）で見ると
日本はアメリカに次いで第2位。
しかし人口が2倍の国に差を
つけられても1人当りのGDPで
比較すれば日本はほぼ同額！
日本の実態とは大国なのです

1位　アメリカ
2位　日本

24 大事なのはお客を肌で感じること

商売は天下国家を論じるようなわけにはいかない。お客を生の存在として感じることが必要だ。

当たり前のことであるが、お客はデータの固まりでもなければ、数字でもない。だからどんなに精密な調査をしても、お客を生の存在として肌で感じていなければ、調査の結果を有効に活かすことはできないのである。

本当に大切なことは、調べてみなければわからない

以前、私のところに化学調味料の売り方について相談に来た人がいた。

イノシン酸という旨味成分のアミノ酸が化学合成できるようになったので、大々的に売ろうと思っているが、思うように売れないというのである。

話を聞いているうちに、私はこの人たちがまるで天下国家を論じるように大上段から販売というものをとらえていることに気づいた。そこでいくつかの質問をしてみた。

「そのイノシン酸という商品は誰が買うのですか」

「ほとんどが家庭の主婦です」

「主婦が買って何に使うのですか」

「もちろん、料理に入れます。料理の味が良くなります」

「では入れたときと入れなかったときではどれくらい味が変わるのですか。何人くらいの主婦の料理で試してみましたか」

最初は「何を馬鹿なことを聞くのか」という顔をしていた相手が、ここでぐっと詰まった。自分たちが実地ではまったく試してみていなかったからである。あわてて会社に戻った彼らは、それから十日くらいの間に社員の家を片っ端から訪問し、百三十人の主婦の手料理を食べてみたという。

実地に調査してみたら、商品の配合成分が変わった

その結果、七名の主婦がじつにうまくイノシン酸を使っておいしい料理を作っていることがわかった。さらにそれを詳しく調べたところ、どの人もイノシン酸を単独では使っていなかった。すべての人が、イノシン酸をほかの化学調味料と混ぜて使っていたのである。

イノシン酸は動物系の旨味成分だが、単独で使うよりも植物系の旨味成分であるグルタミン酸などと一緒に使うと味が良くなる。料亭などでうまいだしを取るのに、昆布と鰹節を使っているが、それはこのためである。特に日本人を含むアジア系の人々は、イノシン酸だけで味つけされた料理を物足りないと感じてしまう。逆に欧米人はイノシン酸の方を重視するようだ。

現在、イノシン酸は単独の調味料としては販売されていない。すべての商品が「複合調味料」という名のもとに、グルタミン酸やほかの調味料とブレンドされて販売されるようになった。それにはこのようないきさつがあったのだ。

販売の第一歩は、自分の先入観をいっさいなくして、白紙の状態でお客を観察することである。私が「誰が買うのか」「何に使うのか」と子供のような質問をしたのは、そのことに気づいてもらいたかったからにほかならない。

販売の鉄則　お客を肌で感じる!!

販売
旨味調味料
旨味成分の化学調味料（イノシン酸）
思うように売れない…なぜ？
画期的なのに…
調査
まず社員の家を訪問し130人の主婦の手料理を食べてみる
ホホホ…
さぁ
めしあがれ
検証
なんと
イノシン酸を単独で使う主婦はゼロ!!
ガーン
実は
イノシン酸は他の科学調味料を混ぜて
使用すると旨い！！
フィードバック
旨味調味料
旨味成分の複合調味料として販売！
イノシン酸＋グルタミン酸
又は他の調味料

25 ナンバーワンセールスの販売方法とは

ナンバーワンセールスの人たちは、お客のハートをつかむのがうまい。どうやったらそれができるのか。

儲かっている企業のトップは、なぜか言うことが似ている。

「消費者がお金を持っていないわけではない。買いたい商品が市場にないだけだ。消費者がほしいと思うものを作れば、必ず売れる」

価格が安ければ売れるわけではない。購入動機とはもっと衝動的なものだ

考えてみれば当然のことで、これが「個人消費が冷え込んでいる」という一般論の裏に潜む現実なのである。もとより買うかどうかを決めるのは、売り手ではなく消費者だ。いくら出血覚悟で値段を下げてみても、消費者がお金を払って買いたいと思う商品やサービスでなければ、売れるはずがない。逆に、取り立てて特徴のないデザインにもかかわらず、数十万円もするようなブランド品であっても、ほしいと思う人がいれば売れるのである。

そう考えると、値段などというものは、購入動機のほんの一要素に過ぎない。人が何かを買う、その瞬間の意志決定はもっと衝動的なものだ。理屈では分析不能な浮気っぽさ。これが消費者の正体である。

セールスの世界でナンバーワンと言われる人たちは、その浮気っぽさを自分のまわりに集中させるのが巧みである。

いろいろな方法でお客との間に信頼関係を築き上げ、「どうせ買うなら、あの人から」「あの人でなければ、買わない」と思わせることに成功している。当然のことながら、新規客よりリピーターのほうが多く、たいていは業界標準よりもずっと高いリピーター率を保持している。

彼らがトップセールスである理由は12ページでも説明したが、それだけではない。彼らはどこかの部分で「お客の期待を上回るサービス」を提供し、お客のハートをぐっとつかんでいるのだ。

お客が予想しているものを上回る価値を提供することで、心をつかむ

東京ディズニーランドは高いリピーター率で有名だが、アンケートを取ってみると来園の理由は「接客の良さ」が高いポイントを占めている。そしてこの項目はヘビーユーザーほど上位に行く傾向がある。つまり東京ディズニーランドは、お客が来園前に予想したより高い満足度を、主として人のサービスで提供していることがわかる。

あるカーセールスのトップは、雨の日に故障したお客のところに駆けつけ、スーツを泥だらけにして点検したことで高い評価を得たという。またある保険のセールスレディーは、お客の家族の誕生日にもプレゼントを贈っているそうだ。

予想していないサービスを受けると、そのサービスが好ましかった場合に、人は感動する。一度感動させて気持ちを引きつけ、以後も満足感を与え続ければ、そのお客はリピーターになる。浮気っぽい消費者心理を飛び越えて、ファンになってくれるのだ。

相手の予想を上回る価値を提供すること。これこそがナンバーワンセールスの販売方法なのである。

セールスの世界で「ナンバーワン」の人たちは
お客のハートをぐっとつかんでいる
セールスマン
どうせ買うならあの人から！
お客
あの人でなければ買わない！
お客
お客との間に信頼関係を築くことに努力している
結果
高いリピーター率を保持している
お客の期待（または予想）を上回るサービスを提供
あるカーセールスマンの場合
もう大丈夫ですよ
なんでも申しつけて下さいね
…ありがとう
お客
ドロだらけ…
ある保険のセールスレディの場合
なんて気のきく人なんだ…
まぁ…うれしい♡
ささやかですが奥様に…
誕生日プレゼント
お客
お客をサービスで感動させてしまう

26 日本の工業製品はなぜ世界中で人気なのか

日本人のものづくりの遺伝子を、品質管理運動が目覚めさせ、世界中で人気の工業製品を生み出した。

敗戦後、焦土の中から立ち上がった日本人は、朝鮮戦争の特需にも支えられて復興を果たし、一九六〇年代から七〇年代にかけての高度成長期を迎える。そして八〇年代には、世界中で日本の工業製品が人気となった。

戦前の日本製品は品質より値段の安さで売っていた

戦前の日本は、少なくとも工業の面から見れば、一等国と言える状態にはなかった。世界に冠たる高性能戦闘機の零戦《ゼロ》が、工場から飛行場まで牛に引かれて運ばれていたというのは、当時の道路などのインフラがダメだったことを如実にあらわしているし、戦争が末期になると、故障だらけの兵器がたくさん製造された。

高度成長期から現在まで、日本の工業製品は高品質を売り物にしてきているが、戦前から戦後すぐにかけての日本には、粗悪な品質の製品がたくさんあった。それを変えたのは、のちに「デミング賞」で知られることとなるデミング博士ら、ＧＨＱに招聘《しょうへい》されて日本に品質管理の大切さを教えてくれたアメリカのチームだった。

品質管理の手法を学んだ日本の企業、特に製造業のその後の躍進はめざましかった。生産現場に設けられたＱＣ（クオリティ・コントロール）サークルからは、毎日のように改善の提案が出され、みるみるうちに生産効率と品質を向上させていった。「ＱＣ」は新生日本の旗印として、高度成長を彩ったのである。

日本人はもともと高品質の製品を作るのに向いていた

やがてこのＱＣはトータル・クオリティ・コントロール（ＴＱＣ）へと進化を遂げ、まるでもともと日本のお家芸であったかのように、ものづくりの現場に根づいていく。もちろんこれはデミング博士らの力添えによるものであったのだが、日本人にもともと備わっていた才能に、彼らが火をつけたというのが正しい認識だろう。

なぜなら日本人は昔から、集団で一つのことをやり遂げるのが得意な民族であり、組織の上から下まで、目的に集中するのが当たり前という考え方を持っていたからだ。社長と現場の作業員が、同じ作業服を着て一緒に食堂で食事をするのは、日本では不思議でもなんでもないが、経営者と労働者の間に一線が引かれている欧米の企業では、とても考えられないことである。

ＱＣを学んでからの日本人は、一気に世界一の高品質追求民族になっていった。作る側も最高の品質を求めるし、買う側、使う側も当然のようにそれを要求した。あまり知られてないことだが、日本の市場は世界一品質にうるさい。乗用車でもテレビでも、性能と無関係の傷や汚れがいっさい許されない。乗用車などは、買って乗り回せばすぐに小さな傷の一つや二つはつくと思うのだが、少なくとも買う時点では「完璧」でないと認めないのである。

こうして得られた日本製品の生産効率の高さと高品質が、世界の市場で人気を博した原動力なのである。

戦前　品質よりも安さで売っていた日本製品

戦後　GHQ（連合軍総司令部）に招聘された W.E. デミング博士を中心としたチームが日本に品質管理の大切さを教えてくれた

1960年〜70年の
高度成長期から1980年代へ

トータル・クオリティ・コントロールを
旗印に日本の企業、
特に製造業が躍進!!

TQC
デミング博士
それ〜っ！

日本は世界一の「生産効率の高さ」と「高品質」を実現

現在、日本人は世界一の高品質追求民族となった

マネできない
技　術
部品
高性能
高品質
新車
キズ1つ
許しません!

作り手側は**「最高品質」**を求める　　買い手側も**「完璧」**を求める

27 「シンプルな携帯電話」が売れる理由

機能の多すぎる携帯電話には、「ユーザー不在」で競争に夢中になっているメーカーの姿が投影されている。

今お持ちの携帯電話で、ついている機能をすべて使いこなしている人は、どれくらいいるだろうか。そう考えてしまうくらい、現代の携帯電話にはさまざまな機能が満載されている。

機能が多ければユーザーが喜ぶというのは幻想に過ぎない

エレクトロニクス製品は、余分な機能をつけ加えることが簡単である。プログラムに余裕があれば、時計機能やタイマー機能、アラーム機能がソフトだけで実現できるし、基盤に余裕があれば、ワンチップで実現できる機能が搭載できる。

このために、説明書を読むのが大嫌いな人が激増している。あまりにも使い方が複雑で難解になっているため、読んでいるうちに頭が痛くなってしまうからだ。

確かに最近のテレビやビデオのリモコンを見ていると、やりすぎの面と、配慮の不足を感じさせる面の両方を感じる。誰がどのような状況で使うのかを考えず、ただあれもこれもと機能をてんこ盛りにするという、ユーザー不在の態度で作られているかのようである。

携帯電話もそういう悪口を言われる対象の一つで、大多数のユーザーにとって、現在の製品は「宝の持ち腐れ」に近いほどの余分な機能がついている。また、そのために、かえって肝心な機能が使いにくいと思われている。

その証拠に、各社が出している最高性能の新機種の裏で、地道に「通話機能と最小限のメール通信機能」だけの端末が売れている。テレビ電話や高解像度のデジカメ機能、音楽再生、録音機能などはほとんどのユーザーが使ってはいない。「あれば便利」と思うかもしれないが、実際は使わないのだから、それを知ってしまえばもう見向きもしない。

行き当たりばったりで販売しても人の心をつかむことはできない

「人は何のために携帯電話を必要とするのか」を携帯電話会社の販売担当者が熟知していれば、このようなことは起こらなかったはずである。自信を持って機能を絞った製品を出してきていいはずだ。

現実には、携帯電話会社の販売担当者といえども、市場をリードするような知見を持っているわけではない。何かやってみて、どれかが当たればそれをふくらましてまた試す。そんなほとんど行き当たりばったりに似た試行錯誤が、現在の状況である。これでは、「よそが売れればまねをする」「売れた商品が良い商品」という販売部門の無責任体質を脱却することはできない。

「売り込まなくても売れていく」という「売れる仕組み」を作ることなど、夢のまた夢である。

売れる仕組みを作るためには、販売部門がリーダーシップを持ち、市場にさまざまな働きかけを行いながら、統計的手法で真実を追究していかなければならない。販売における「成功法則」は、そこからしか得ることはできないのである。

シンプルな携帯電話機が売れる理由

機械にふりまわされるのはいや！
話せてメールができればそれで充分よ！
見やすくて使いやすいのがいいわねぇ
たしかに便利だけど…
こんなに機能があっても使いこなせないよ…
誰がどのような状況で使うのか考えないで機能をてんこ盛り…
TV カメラ機能
デジカメ機能
音楽再生機能
録音機能
etc etc…
う～む
ユーザー不在の状況を販売担当者は考えるべきなのではないか？
携帯電話販売担当者

28 「オンリーワン」なら勝手に売れる

競争で消耗したくなければ、「オンリーワン」の存在になることだ。そうすればお客の方から買いに来る。

日本人の給料を一〇〇としたとき、中国人の給料は二・五である。つまり同じことをするとき、日本人の労働者一人を雇う金額で、中国人なら四十人を働かせることができる。このような状況では、質の同じものを作っていて勝てるはずがない。それ以前に、中国製品と真正面からぶつかるような産業では、充分な給料が払えないから、人が集まらない。日本では一九七〇年代から八〇年代にかけてこの問題が起こり、衣料や化成品、軽工業の普及品はみな中国をはじめとする海外に進出していった。

このことを「空洞化」と心配した人はたくさんいたが、それは杞憂《きゆう》に終わった。製造工程が簡単で付加価値の低い製品が海外に出て行くと、その代わりに付加価値の高い製品を作る工場が増加したからである。

いくら低価格でも品質が悪ければ誰も買わない

つまり、「競争だから値段を安くする」という方向ではなく、「自分たちの条件で付加価値の取れる商品を開発する」という姿勢があれば、どんなに人件費が高騰しても、やれることがある。すなわち、オンリーワンの付加価値を持つことができれば、価格競争は悩みの種ではなくなるのだ。

ひところ「価格破壊」という流行語が脚光を浴びて、安いことはいいことだというムードになった。価格が安いことはたしかに消費者にとって魅力ではあるが、それは絶対的な条件ではない。人は「安ければ必ず買う」という行動は起こさないものだ。いくら価格が安くても、品質が悪ければそのうち誰も買わなくなる。これは自明の理である。

携帯電話や小型電子機器に組み込まれている超小型マイクやスピーカー、水晶発信子といった部品は、日本の中小企業の製品がオンリーワンであるが、これは価格が安いという理由だけで売れているのではない。その大きさで、その軽さで、その消費電力で、その信頼性で、そしてその価格で、といったたくさんの条件を軒並みクリアしているから、売れるのである。

オンリーワンの部品を作れば、製品メーカーが下手に出る

お客が心の中でほしがっているものを察知し、それを形にして提供することができれば、安くないものでもヒット商品にすることができる。そしてそれがライバルの追随を許さないような技術やノウハウの伴うものであれば、自分たちがオンリーワンとなって市場を独占できる。

そしてオンリーワンの製品を作っていれば、無理して営業をしなくても、お客が勝手に買いに来てくれる。しっぺ返しが怖くなければ、殿様商売だって可能だ。

たとえば、あるハイテク部品メーカーは、そこの部品がなければカラーテレビやVTR、携帯電話を作ることができないという存在である。最新の携帯電話はアンテナをボディに内蔵しているが、それは同社の部品が実現させた機能だ。こうなると、製品メーカーのほうが顔色をうかがう立場になってしまう。

価格競争から抜け出し「勝手に売れる」仕組みを手に入れるには…？

ライバルの多い商品だから価格競争になる

競争だから付加価値（儲け）は減る一方…

モチベーションの低下へ！

ジリ貧な感じ…

わが社には
先がない
のでは…

ライバルの追随を許さない
オンリーワンの商品を開発する！！

自分たちの条件で付加価値（儲け）を得る！

モチベーションの向上！

さらなる商品開発へ

やるぞ
よし
なくては
ならないものを
作っている
誇りと自信！

社員一丸

29 松下幸之助さんは説得しながら気づかせた

怒るのでも頼むのでもなく、相手に気づかせる。高度な説得術だが成功した時のメリットは大きい。

「今、五%のコストを下げるというのは難しいやろ。しかし、三割下げよというのならできるで」

これは私が一生忘れることのできない、松下幸之助さんの言葉である。

苦情を聞くどころか、逆にハッパをかけた

当時私がいた松下通信工業では、自動車メーカー向けにカーラジオやカーステレオを生産して納入していたのだが、あるとき大手のメーカーから一年先をめどに三割値下げせよとの要求がきた。

一%、二%のコストダウンでも血のにじむような苦労で実現しているというのに、三割とは到底無理である。そこで役員会に出席するために来社した松下会長に、思い余って直訴したというわけだ。

ところが、その訴えを聞いた直後の回答が、これだった。

「三割なら君、できるはずや。やったらどうや」

こうなると至上命令である。自動車メーカーの横暴がどうのといったレベルの話ではなくなった。今ある生産工程を手直しするのではなく、すべて白紙の状態から再スタートすることになった。

ある者は部品メーカーに日参し、製造工程を徹底的に研究してコストダウンを考えた。ある者は設計をやり直して三割安く作れる方法を模索した。そしてとうとう一年後に、値段を三割下げ、それでも利益の出る製品を作り上げたのである。

追い詰めてアイデアを出させ、不可能ではないと気づかせる

26ページで解説したように、追い詰められた結果、ものごとの本質を考え抜いて突き詰めると、それまで見えなかった方法論が見えてくるものだ。

そして、38ページの「新幹線方式」のように、手直しではなく、白紙から考えることでそれが可能になる。

松下幸之助さんにはそのことが見えていたのだ。それを理解させるために、「五%は無理でも三割ならできる」という言い方をしたのである。

抜本的に価格を下げた製品、劇的なコンパクト化を実現した製品などは、すべてこの考え方で作られている。ソニーのウオークマンなどは、世代を重ねるごとに小型軽量化していったが、それにともなって部品点数が半減した。日本車にさんざんやられてしまったアメリカの自動車メーカーは、部品点数が半分のエンジンを開発して巻き返しを図った。

過去の成功にあぐらをかくのではなく、新たな目標に向かって常に白紙で考える。競争に強い体質を維持し続けるには、そのような態度が不可欠なのだ。

そして松下幸之助さんのすごいところは、「白紙から考えよ」と指示するのではなく、「五%はきついが、三割ならできる」と伝えたために、従業員が自分たちの力で、「新幹線方式」の利点に気づいたことである。そこが並みの経営者と「神様」と呼ばれた経営者の違いなのだろう。

新たな付加価値を見出すために不可欠の態度とは…

今、5%のコストを下げるというのは難しいやろ
しかし3割下げよというのならできるで
会長〜!!
え〜〜っ
松下　幸之助
現状の行程を手直ししても5%のコストダウンは無理
しかし
白紙の状態にもどって一から考え直せば3割のコストダウンは可能だ
設計担当者は一から設計を考え直す
う〜ん
製造担当者は製造工程を一から考え直す
う〜ん
社員一丸となって1年後に目標を達成
値段を3割下げても利益の出る商品を開発
カーステレオ
カーラジオ
目標に向かって常に白紙にもどって一から考え直せるか否か

30 トップが渾身《こんしん》の説得で状況を打開した

怒っている相手に逃げ腰で対処しても事態は解決しない。責任者が体当たりでぶつかる必要がある。

もう一つ、松下幸之助さんの説得術を披露しよう。松下電器の社史に「熱海会議」と記されている、一九六四年の出来事である。この年の家電業界は、深刻な経営悪化に見舞われていた。

問題の大きさに気づき、トップが陣頭指揮で対処

当時、松下電器の会長は創業者の松下幸之助さんだったが、事態が極めて危機的であると判断した松下さんは、みずから陣頭指揮し、自分の名前で全国の販売会社・代理店の社長を熱海のホテルに招き、懇談会を開いたのである。

それは懇談会とは名ばかりで、会長みずから販売の現場で実情を探り、意見を交換しようという、一種の闘いであった。日数の取り決めはなく、何日かかろうとも結論が得られるまで続ける予定だった。

その席上で代理店の経営状態を洗いざらい話してもらうと、予想以上の悪い状況が明らかになった。資本金五百万円の会社で、欠損が一億円も出ていたりする。延べ十三時間の質疑応答で、代理店側は口々に松下電器に文句をつけた。

「松下は指導も何もしないで、ただ売れと言って品物を押しつけてくる。われわれが損を出しながら売っているのに知らん顔をして、集金だけは容赦なくする」といった調子だ。誰も彼もが「松下が悪い」の大合唱で、そのまま会議は三日目に突入した。

このとき松下さんは、一人一人の代理店に誠実に、かつ毅然《きぜん》と対応した。そこで謝って妥協してしまったら、会議でも何でもない。安易に妥協した、ごまかしたというしこりが双方に残り、懇談の場を持った意味がなくなる。この会議の目的は、代理店と腹を割って話し合い、一致団結して危機を乗り切ることだから、合意するまで粘り強く対処しなければならないのである。

「創業者の涙」が代理店の怒りを感動に変えた

松下さんは壇上に立って話し始めた。その話し声が突然途切れる。なんと松下さんはハンカチで目頭をぬぐい始めたのだ。並んでいる代理店の主人たちの顔を見ているうちに、寝食を忘れて松下のために働いてくれたことに対する感謝の念がわき起こり、絶句してしまったのだった。

会場は水を打ったように静まり返り、あちこちでハンカチを取り出す姿が見られた。議論の応酬でたまっていた興奮や苛立《いらだ》ちが消え、静かな感動が会場を覆《おお》い尽くした。これまで「松下が悪い」と不満ばかり言っていた代理店側は、「松下ばかりを責めるわけにはいかん。自分たちも悪かった」と考えを翻《ひるがえ》した。松下と代理店は強い連帯感で結ばれ、会議は幕を閉じた。

客観的に見てみると、この会議は、不平不満だらけの組織にトップが陣頭指揮で乗り込み、共存共栄の関係にまとめ上げて次のステップに発展的に結びつける役割を果たしたものだった。松下さんの強い意志と行動力、そして誠実な人柄が実現した、説得の成功例と言えるだろう。

1964 年 家電業界は深刻な経営悪化にみまわれていた

熱　海　会　議

松下電器会長 松下幸之助氏は自ら陣頭に立ち
全国の販売店、代理店の社長を熱海のホテルに招き
懇談会を開き、１人１人と誠実かつ毅然と話し合った

目　的

現場の実情を探り、腹を割った意見交換を行い
一致団結して危機的状況を乗り切ること!!

しかし会議が始まると**「松下が悪い!!」**の大合唱であった

だが松下氏の衷心からの感謝の涙が
代理店各社の怒りや不満の気持ちを変えた

強い連帯感で結ばれた松下と代理店は
次のステップへと発展していく!!

松下　幸之助

トップの強い意志と行動力
そしてなによりも
「誠実な人柄とまごころ」
が人を動かす!!

31 説得のために酒を飲むのは脳生理学の技術

理性と感情は、脳の違う部分が担当している。説得を受けつけるのは、感情を担当する部分だ。

近年の脳生理学の発達で、人間の気持ちや意欲、行動と脳の関係がわかってきた。

感情は「古い脳」、理性は「新しい脳」がつかさどっている

たとえば「あの人が好き」とか「この人は嫌い」という気持ちは理性的な意志や意欲ではなくて、自分でも無意識のうちに持ってしまう感情である。これをつかさどっているのは、脳の前頭葉の後ろにある「古い脳」だということが判明している。

一方、理性を担当しているのは前頭葉で、ここは意志や意欲に関係している「新しい脳」である。

ここで「古い」「新しい」と表現しているのは、生物の進化の順に従ってのことで、その人の脳における古さ、新しさではない。生物は感情を獲得した後に理性を持つように進化してきたのだ。もっとも理性を持っているのはわれわれ人類だけであるが。

ところで「説得」という活動は、古い脳に対して行われるものであると言われている。なぜなら、人間の行動のほとんどは、無意識のうちに行われているものだからだ。

しかし厄介なことがある。こちらの思いを相手の古い脳に押し込めるためには、その前に新しい脳を通過しなければならないのだ。

新しい脳は論理的なので、理屈の通ったものでないと受けつけないが、古い脳は感情レベルなので理屈がわからない。するとどうなるのかというと、「理屈ではお前の言う通りだが、この野郎、腹が立つ」という受け止め方になってしまう。

「今きちんと勉強しておかないと、いい大学に入れないから、遊んでないで勉強しなさい」という母親の説得がうまくいかない理由はこれだ。

「新しい脳」のガードを下げるにはアルコールが有効

かといって古い脳が受けつける感情的なものだと、今度は新しい脳が認めない。つまり、他人を意のままに操ることは、簡単ではないということだ。

それでは説得の技術など成立しないかといえば、方法はある。たとえば酒だ。酒を飲むと新しい脳が先に酔っぱらう。すると古い脳が活発に活動を始めるのだ。いつもは生真面目で冗談一つ言わない人が、酒に酔うと急に陽気になったり、饒舌《じょうぜつ》になったりすることがあるが、それはこのためだ。そこで酒を飲みながら相手を説得するという手法が意味を持ってくる。

わが国では古くから、料亭政治とか、料亭商談という伝統があった。国や会社の重要なことは、夜に高級料亭で酒を酌《く》み交わしながら取り決められていた。脳をリラックスさせ、アルコールの力でスムーズに説得を行うという経験的な知恵である。脳生理学など何も知らない人たちが、しっかり脳の性質をわきまえていたのだ。

相手の理性のガードを下げ、説得しやすくするために一杯飲ませるという習慣は、立派な説得の技術の一つということができるだろう。

「説得」にお酒を使うことは脳生理学から見ると立派な説得技術の１つである

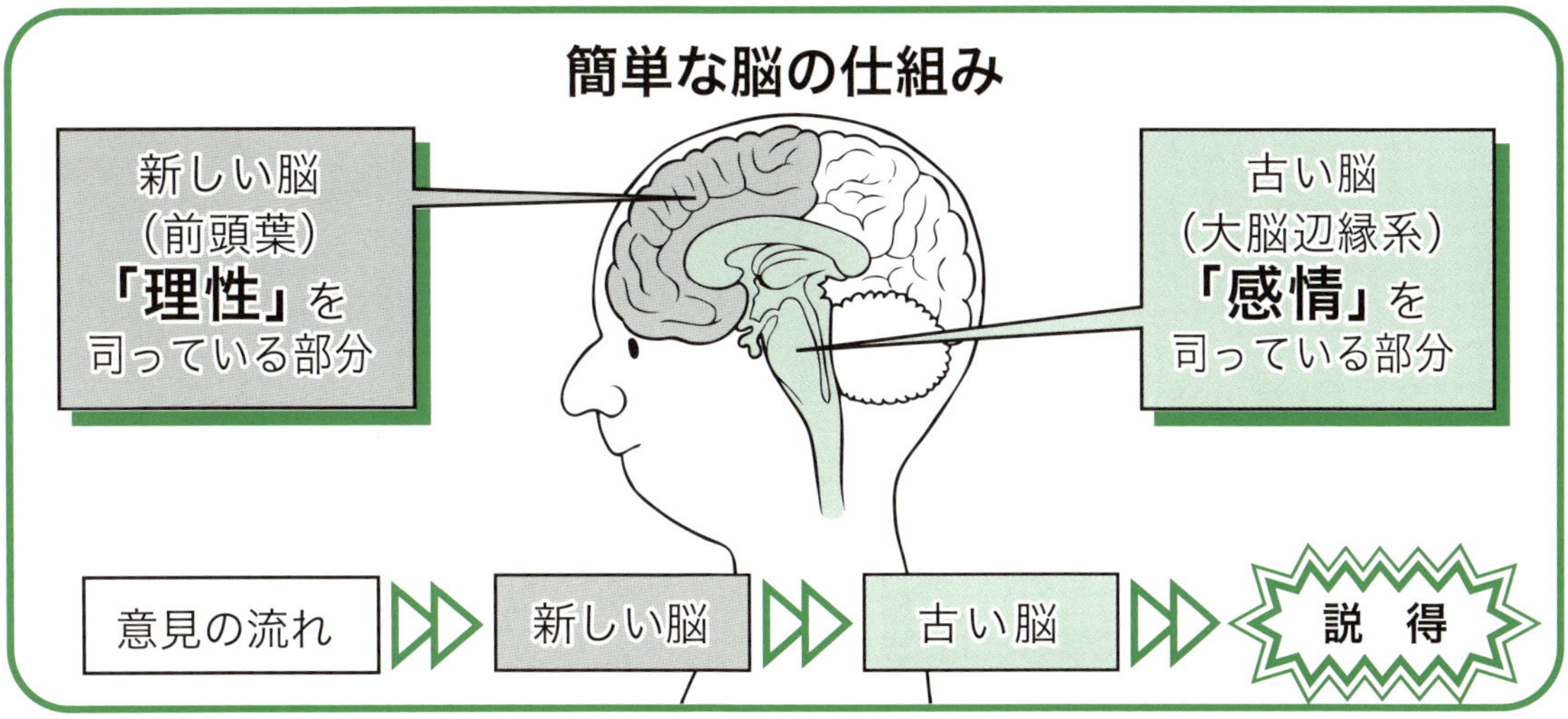
簡単な脳の仕組み
新しい脳
（前頭葉）
「理性」を
司っている部分
古い脳
（大脳辺縁系）
「感情」を
司っている部分
意見の流れ
新しい脳
古い脳
説得

理屈はわかるけど、お前の言ってることは腹が立つ!!
意見A
理屈はわかるよ♡
理性
感情

気持ちはわかるけど、お前の言ってることは理屈が通らない!!
意見B
理性
感情
気持ちはわかるよ♡

ところがお酒（アルコール）を使うと理性が麻痺してしまう
やった♡
意見B
お酒
まぁ…いいんじゃない
ベローーン
理性
感情
その意見でいきましょう

32 ヒットラーは必ず夜に演説をした

酒、夜、音楽。このセットで説得はうまくいく。それらがあると、理性が麻痺《まひ》するからだ。

新しい脳の弱点は、アルコールだけではない。音楽などのリズムにも弱く、また夜になると活動が低下するという点である。

夜に音楽を奏でることで論理的な矛盾をごまかした

ヒットラーは国民や兵士を集めての演説を必ず夜に行っていた。昼は新しい脳がはっきり覚醒していて、理詰めで判断するため、論理的におかしなことを言うと、拒否反応を示すからだ。

だから、昼間の仕事で脳が疲れたころを見計らって、人々を集める。次に勇壮な音楽、彼は特にワーグナーがお気に入りだったのだが、それを奏でる。それでみんなの理性が完全に麻痺する。そこで、身振り手振りを交えた演説のパフォーマンスを行えば、人々の感情に訴えかけることができるというわけだ。

こういう仕掛けだから、ヒットラーがかなり筋の通らないことを言っても、新しい脳はそれに異議を感じることができず、すっと通過させてしまうのである。この脳生理学を巧妙に利用した作戦を立てたのは、宣伝相のゲッペルスだったといわれている。

連合国側も負けじと音楽作戦をとり、「リリー・マルレーン」を謀略放送で流し、ドイツ兵の心をかく乱しようとしたが、脳の研究とそれを戦争の作戦に用いる手法では、ナチスの方が数段上手だったようだ。

いずれにせよ、説得の技術には音楽やダンスなど、心地よいリズムが有効だ。昔から女性を口説くには酒を飲み、ダンスホールで音楽のリズムに合わせて低い声でささやくのが一つのパターンとなっているが、それは理にかなったことなのである。

天の岩戸の伝説も説得の技術の産物だった

歌舞音曲を使って説得を試みる話は、わが国の神話にもある。

高天原の主神で太陽の神様でもあるアマテラスが、弟スサノオの素行の悪さに怒り、天の岩戸に隠れてしまったために、世界は暗闇になってしまった。困った神々はいろいろと説得を試みたが、アマテラスは態度を変えようとしない。

万策尽きた神々は、思い切った手段に出る。アメノコヤネが祝詞《のりと》を奏し、アメノウズメがうつぶせにした桶の上に乗って半裸で踊りを舞ったのだ。集まった神々はその踊りの滑稽《こっけい》さに喝采《かっさい》を上げ、その騒ぎにアマテラスは岩戸を少しだけ開けて様子を覗こうとした。

そこを待ちかまえていた怪力のアメノタヂカラオが岩戸を開け放ち、世の中に光が戻ってきたのである。このとき、岩戸の前で踊ったアメノウズメは芸能の祖と言われているが、むしろ説得の技術を用いた元祖と言ってよいのではないだろうか。

このように、酒、音曲、夜など新しい脳を麻痺させて困難な説得を成功させようとする試みは、古来から行われてきている。誰かがこのような設定の中で何かを訴えかけてきたら、自分を説得しようとしていると意識した方がよい。さもないと、相手の意のままにされてしまうからだ。

人間の脳は音楽などのリズムに弱く夜になると脳の活動は低下する!!

ヒットラーは演説を必ず夜に行った

昼間の仕事で脳が疲れている民衆を夜に集める

▽

ワーグナーの勇壮な音楽で民衆の気持ちを高揚させる

▽

民衆の理性が麻痺したときにヒットラーの
演説パフォーマンスで感情に訴えかける

▽

民衆は異議を覚えることなく
ナチスの意見を受け入れてしまう

酒　夜　音楽　この3点セットがあれば人間の理性は麻痺する!!

33 「意外性」を武器にして不良在庫の処分を指示

不良在庫と化した大型電卓。松下幸之助さんの意見は、なんと「全部捨てる」というものだった。

私が松下通信工業で電卓を開発していた時の話である。当時の電卓は今のノートパソコンと同じくらいの大きなものだった。この電卓が売れに売れて、私たちは調子に乗って量産していた。

突然の技術革新で花形商品が不良在庫になった

ところがLSIが登場し、突然電卓が小型化した。最初に作ったのは確かオムロンだったと記憶しているが、各社追随していっせいに電卓は小さくなった。

そうなると、それまでの大きな電卓は売上げが止まってしまう。新しい小型電卓は、価格も大きな電卓の三分の一しかしなかったのだ。私たちは売れ行きの止まった大型電卓を眺め、情けないやら悲しいやらで、なんともやりきれない思いだった。

そんな時、クリスマスイブに大阪で経営会議が開かれた。松下通信工業の幹部が全員出席して問題点を話し合い、今後の戦略を決めるのである。ほかの事業部は問題がないため報告だけで終わり、残るは電卓事業部だけとなった。そして担当事業部長が在庫処理のプランなどを一生懸命に説明したところ、最後まで黙って聞いていた松下幸之助さんが突然こう言ったのである。

「きみな、これ、もう売れんのやろ。これは人力車が自動車に変わったようなもんや。無理して売っても、お客さんが後悔されるだけや。しゃあない、全部捨てい。よう捨てられんかったら、わしが買《こ》うたるわ」

松下さんは大金持ちだったら、実際に買ってくれるつもりだったのかもしれない。しかし「じゃあ、お願いします」とは誰にも言えない。結局、全部捨てることになった。当時の金額で六億円くらいの損害になった。今なら二十億円を軽く超えるだろう。

乱暴だが筋の通った意見は松下式経営の真髄だった

松下さんの「全部捨てい」で会議は終わった。松下さんは立ち上がって振り向き、「これでみんなさっぱりしたやろ」と話しかけてきた。

こちらはまったくさっぱりしないのだが、在庫を全部捨てろという発想の意外性に驚いて、言葉が出ない。乱暴な意見のようだが、松下さんの言うことには筋が通っているのである。

「これはどう考えても時代遅れで売れない。無理して売ってもお客さんの迷惑になる。商売はお客様第一であるから、そのような製品は抱えていてもスペースを取るだけムダ。捨てなさい」という考え方は、まさに松下式経営の真髄である。

その日はクリスマスイブだからか、飛行機の中でポケットウイスキーがふるまわれた。そのときのポケットウイスキーを、私は今でも大切に保管している。

松下幸之助さんの説得の技術は、いつでも意外性の連続だった。

「よう捨てられんかったら、わしが買うたるわ」という発想も意外なら、最後の台詞《せりふ》も驚きだ。普通の会社の普通の経営者なら、怒鳴りつけてもおかしくないと思う。

突然の技術革新で電卓は小型化した

LSI(集積回路)
の登場で
突然小型電卓へ!
小型電卓
(価格も1/3へ)
花形商品だった大型電卓

当時の金額で**6億円**(今なら**20億円**強)の不良在庫の山

普通の経営者なら
なにを考えとるんだ馬鹿者〜!
会社に大損させてどうする!
怒鳴りつけるところだが…

松下式経営の真髄ここにあり!!

『全部捨てい!』
あぜん
松下　幸之助

時代遅れの商品を無理して売っても
お客さんの迷惑!
商売はお客様第一だから、そんな製品は抱えていてもムダ!
スパッと捨ててしまう(もちろん大損失は覚悟の上)

34 実行力が不可能を可能にする

「できそうもないから」とあきらめればそこで終わる。実行力と粘りがあれば、不可能も可能にできる。

日本の南極観測を推し進めたのは西堀栄三郎さんである。登山家にして化学者、そして技術者でもあった。どれも超一流で、日本人には稀《まれ》な多才な人だった。

常人ならあきらめることをあきらめずに押し通す

この人は実行力で説得をするすごい人だった。自分の夢を信じて、それをどうしても実現させるという信念の強さと実行力が並外れていたのだ。

西堀さんは戦争中、東芝で真空管を作っていた。私は航空研究所にいて、飛行機の無線機を作っていた。無線機には真空管が必要なので、西堀さんとのご縁ができたのである。

戦後すぐに、西堀さんはヒマラヤのマナスルに行くが、当時の日本はまだ占領下で、簡単に日本から出ることができなかった。たまたまインドで国際会議があり、日本の学者を招待するという話を耳にした西堀さんは、早速文部省に掛け合いに行った。

当然のことながら出席する学者はすでに決定していて、西堀さんの入る余地はない。しかしそこからがすごい。インド政府からの招待状を見せろと役人に迫って、そこに「二、三人を招待します」と書かれているのを見つけると、「二人と三人」と間違えたことにして、自分を入れろとごり押ししたのである。あまりの気迫に根負けした役人が、「行ってもいいですが、お金は出しませんよ」と言うと、ただちに新聞社回りをして旅費を工面してきた。

インドではネール首相と昵懇《じっこん》になり、独立間もないインド政府のために、品質管理の講義をした。これが大評判となり、西堀さんはインドで本を出版している。

ネパールの国王に国賓として招待させる

ところで、西堀さんの目的地はヒマラヤなのだから、インドではなくネパールだ。西堀さんはインドからネパールの国王と総理大臣に手紙を出し、「自分を国賓《こくひん》として招聘してほしい。招いてくれれば必ず役に立つから」と依頼した。

一週間後、西堀さんのところに国賓として招待するという連絡が入り、めでたくネパールに入国することができた。そして帰国する時に、ネパールの皇太子を留学生として連れてきた。日本での世話係は西堀さんである。この人は、後に国王になった。

まるでほら吹き男爵の冒険談のようだが、これらはすべて実話である。さらに西堀さんは、第一次南極越冬隊の隊長を務め、昭和基地にウランがあるのを発見している。石の分析には塩酸や硝酸が必要だが、化学者であった西堀さんは、実験装置だけでなく、塩酸や硝酸までも現地で作ったのだという。ものすごい執念である。

ちなみに日本の産業界に統計的品質管理手法を持ち込んだのは、西堀さんである。これでデミング賞を受賞している。また、「雪よ岩よ～」で有名な「雪山賛歌」を作詞したのも西堀さんだ。とにかく存在感の大きな人だった。

並外れた信念の強さと実行力の塊

まさに**快男児！**

西堀　栄三郎　に学ぶ

冒険家、登山家にして化学者、
そして技術者でもあった多才な人物

目的　ヒマラヤのマナルスに行きたい！

戦後すぐの占領下の日本では、自由な海外渡航はできない

粘り強い説得で不可能を可能にする

日本

●インドでの国際会議にインド政府から招待された学者の１人に加えてくれ、と文部省に掛け合う

ごり押しでOKをとる

●旅費は新聞社回りで工面する

▽

インド

●ネール首相と昵懇になり、インド政府に品質管理を講義する　（インドで本を出版）

ネパール国王と総理大臣に手紙を出す

▽

ネパール

●ネパール政府から国賓として招待される

ヒマラヤのマナルスに到着（目的の達成）

▽

日本

●ネパールの皇太子を留学生として連れてくる。
日本での世話係は西堀氏
（この皇太子は後にネパール国王になる）

35 井深大さんの「当たり前」説得術

当たり前のことを当たり前にやる。これができるようになれば、柔軟な発想ができるのだ。

ソニーの創業者、井深大さんとは、戦争中からの知り合いだった。当時、井深さんは測定器を作っていて、航空研究所にいた私と仕事上の関係があったのだ。

誘った相手が来なければ迎えの車を差し向ける

その井深さんだが、人を動かすことにかけては天才的な能力の持ち主だった。

あるとき、井深さんから電話がかかってきて、今すぐ来いと言う。

「今、すごいショーをやっているんだよ。どうして来ないんだ」

どうしてと言われても、こちらにも都合がある。なんとかごまかそうと思っているうちに、迎えの車を差し向けると言われてしまった。そこまで言われては、断るわけにもいかない。

ソニーの研究所に着くと、井深さんと研究所長が案内してくれたが、展示場の一角に私の目を引いたものがあった。小さな机の横に若い男がぽつんと立っている目立たない展示だったが、近くに行って見てみると切手大のカセットを使う超小型テープレコーダーである。

しかも話を聞いてみると、このテープレコーダーはデジタル録音をするものだった。この製品は、そこにいた若者のアイデアで、彼はメーカー各社にこのアイデアを売り歩いたのだが、どこにも採用されなかった。とても商売にならないと思われたようだ。最後にやってきたのがソニーで、井深さんはおもしろそうだと即決し、それから三年間研究をやらせたのだという。

この製品の発展形が大ヒット商品になったMDだが、ひと目見ただけで採用し、三年間も研究を続けさせた井深さんの先見の明には感心させられた。

時間のない私のために展示会を一時間早くオープンしてくれた

別な日に、また井深さんから電話があった。明日から展示会をするので見に来いというお誘いである。だが私は翌日から大阪に出張することになっていた。その旨を伝えてお断りすると、井深さんはこう言った。「そんなら、君のために九時から開けるわ」

そこまで言われたら仕方がない。そして会場に行ってみると、私だけのために会場全体が一時間早くオープンしていた。

そのような気まぐれのようなことを命じても、社員が不平不満を言わずに動く会社は、柔軟な発想を持っていると思う。経営と人を説得することは、根っこの部分では同じである。

井深さんは当たり前のことを当たり前にやる人で、別に気張ったところはないのだが、実はそれがすごいことなのだ。常識や既成事実に引っ張られると、当たり前のことがなかなかできないし、発想も変えられない。

私に対する説得を見ても、目的は「唐津に見せたい」ということだから、都合が折り合わなければ一時間早く会場を開ければ目的は達成できる。ほかの人は、ここに発想が届かないのである。

当たり前のことを 当たり前にやる凄さ

「常識」や「既成事実」に
引っ張られないで
目的達成のために自由に
発想することができる

ソニー創業者
井深 大 に学ぶ

井深 大（ソニー）の場合	他の企業の場合

ある若者がデジタル録音をする超小型テープレコーダーのアイデアをメーカー各社に売り込んだ

「おもしろそうだ！」（先見の明）
と即決採用し
３年間研究させる

すぐに商売
にならない
ので不採用

大ヒット商品 MD となる

展示会に招待客を招くが予定が合わない！

招待客のためだけに
開場時間を１時間
早める

開場は 10:00 と
決まっている
のであきらめる

招待客に来てもらう

どうしても来てもらいたかったんだよ
井深 大

36 説得上手な人は話を聞くのもうまい

人間は話を聞いてくれた相手に心を許す。だから説得するためには相手の話を聞くことが有効なのだ。

群れを作って行動する野生動物は、群れから離れると生存が危うくなる。仲間の近くにいるのは、生命維持のためなのだ。

相手が興味を持っていることは会う前に調べておくようにしよう

人間も「社会的動物」と言われているくらいだから、仲間を欲しがるのは本能的なものである。知っている人を見つければ、近くに行って話をするのが、ごく自然な行動だ。そのとき、共感する話が出てくると、それだけで気が緩み、人間関係が円滑になる。

だから、あらかじめ相手の趣味に興味を持ち、今の関心事は何かと調べておけば、役に立つのである。共通の話題を持ち出すだけでも、相手の関心がこちらに向き、肝心な話を切り出しやすくなる。

人によっては、こちらが話題を向ける前に得意そうに自分の話をし始めるケースもある。その場合は無理して共通の話題作りをする必要はない。相手が話している内容がよくわからなくても、気にせず感心して聞いていればよいのである。たとえよく知っている話題であっても、初めて聞くかのような顔をして、要所要所で気の利いた相づちを打っていればそれでよい。

じつはこのタイプの人は、説得する相手としてはカモなのである。好きなように話させておくだけで、「あいつは人の話をよく聞いてくれる、いいやつだ」と思って好意を寄せてくる。適当なところでこちらの思う方向に誘導していっても、誘導されたとは気づかない。

「聞いてあげる」だけで相手はこちらに好意を寄せてくる

また、相手が少々おかしなことを言っても、正面から異論を唱えてはいけない。

「なるほど、そういう見方もあるのですね」「裏から見れば、確かにそうなりますね」などという軽い異論で答えるようにしないと、急に熱が冷めてしまう。目的は説得であって理論闘争ではないのだから、白黒をはっきりさせる必要はないのだ。

ここまで説明すれば、もうおわかりと思うが、説得が上手な人は、例外なく聞き上手である。犯人を自供させるのがうまい刑事は、世間話から誘導して、どんどん相手に話させるのだという。かたくなに黙秘を続ける犯人でも、犯罪と関係のない世間話なら、つい気を許してしまう。そこで自分のことを話し始めたら、好きなだけ話させて聞き役に回るのである。

ある新興宗教では、教祖の説教が始まる前に、広間に信者を集めて車座に座らせる。そこには必ずリーダーがいて、自分の身の上話を始めることになっている。「いかに自分は不幸だったか。しかし、ここに来るようになって、どんなに救われ、幸せになったか」などを切々と訴えるのだ。

そのうちに「私の場合は、もっと苦しかった」と語り出す信者が出てくる。あちらでもこちらでも身の上話が始まり、不幸の競《せ》り売りのような場になる。こうして、信者たちの不安が癒されていくのである。

説得上手な人は 聞き上手でもある

説得にあたっての心得

①共通の話題作りのために事前に相手が興味を持っていることは調べておくこと

②相手の話をよく聞き、聞き上手になること

人は自分のことをわかってもらうと相手に心を許す

人の話をよく聞いてくれるいい人だな♡
好意
なるほど
なるほど
それでどうなりました？
それはすごい！

聞き上手になるための４つのポイント

①話に相づちをうつ　②相手と同じ間、タイミングを心がける

③質問をはさむ　④相手をほめる

37 バイクを大衆化した本田宗一郎さん

ホンダの礎《いしずえ》となったスーパーカブは、アメリカの大衆を説得することで、大ヒット商品となった。

「スーパーカブ」といえば、オート三輪と並んで日本の高度成長を支えた功労者である。そして今日のホンダの基礎を築いた、大ヒット商品だ。

技術と発想で実用的なオートバイを誕生させた

スーパーカブが生まれたころ、日本では五〇cc以下のオートバイには免許がいらなかった。本田宗一郎氏はここに目をつけて、誰もが乗れる五〇ccのオートバイを作ろうとした。

しかし当時の五〇ccエンジンは馬力が小さく、速度が出ない。これを改良して速度が出るようにすれば、みんなが喜ぶだろうと、本田さんは五〇ccエンジンの改良に取り組んだ。そしてついに七馬力半というパワーを出すことに成功した。

本田さんはかねてから「エンジンの回転さえ上げれば、馬力は出るよ」と言っていた。しかし当時のエンジン技術では、回転数を上げると振動が猛烈に激しくなって、分解しそうになる。

本田さんはその対策として、エンジンの精度を高め、回転数を上げても振動が出ないようにした。その結果、七馬力半という驚異的な高出力エンジンができたのである。

そして生産設備には、ジグボーラーという高精度の機械をたくさん並べた。これはミクロン単位のピッチで穴あけが可能な工作汎用機であるが、高価なので特別に精密加工を要するゲージや金型だけに使われていた。これで大量生産をしようなどと考えた人は、本田さんだけだ。そのために、スーパーカブが成功しても、他社は追随することが不可能だった。同じように高精度のエンジンを開発できたとしても、量産することができないからだ。

こうしてスーパーカブは世に出たが、本田さんはこれをアメリカでも売ろうと考えた。アメリカではオートバイに乗るのは若者か変わり者とされていたが、本田さんはその層ではなく、主婦をターゲットに考えた。そして「主婦でも乗れる」ことをアピールし、コマーシャルを流した。

アメリカの大衆を「説得」してスーパーカブを売り込んだ

アメリカでも車に乗らない人はいる。その人たちの移動手段といえば、自転車かバスだった。そこにスーパーカブが登場したので、たちまち人気を博していった。気軽に乗れてスピードも出る。しかもかっこいい。

こうして本田さんは、それまで若者や物好きだけの乗り物であったオートバイを、一般の人に開放したのだ。

これがヨーロッパの市場だったら、やり方は違っていただろう。ヨーロッパでは「モペット」というエンジンつきの自転車が庶民の足としてすでに市民権を得ている。そこにスーパーカブを訴求するなら、モペットとの性能の違いをアピールすればいい。

しかしアメリカの大衆はオートバイに乗ったことがなく、その便利さも知らなかった。アメリカ大衆を「説得」した本田さんの戦略は、スーパーカブの大ヒットによって、みごとに勝利を収めたのである。

優秀な商品を最良の市場に売り込む

スーパーカブ

50cc バイクの傑作にして
本田の基礎を築いた
大ヒット商品

当時は 50cc 以下のオートバイには免許がいらなかった

誰でも乗れる 50cc バイクを作ろう！

本田　宗一郎

- 高出力の 50cc エンジンを開発
- ジグボーラーというとても高価で高精度の機械をたくさんそろえて大量生産を行う

**他社にはとてもマネのできない
オンリーワンの商品を開発!!**

売り込み先はアメリカ

**アメリカの主婦層をターゲットに考えて
「主婦でも乗れるバイク」をアピールして大成功！**

38 日本人のかけひきベタはどうすれば直るか

戦争が軋轢《あつれき》を解決する手段であった時代は終わり、かけひきが国を左右する時代になっている。

ほんの数十年前まで、国と国との関係は、主として武力によって左右されていた。相手のことが気に入らなければ、有無を言わせず武力に訴えるというのは、人類が集団生活を始めて以来続いてきたことである。それは世界の国々の栄枯盛衰の歴史を見れば、一目瞭然だ。

世界は武力の時代から かけひきの時代へと転換しつつある

歴史の中では、武力的には小国でありながらも、巧みなかけひきによって大国の間を泳ぎ回っていた国もあった。しかしそれは少数派で、多くの場合、小国は大国と従属関係を結ぶことによってのみ、生きながらえることができた。

だが、二度の世界大戦によって力の論理のむなしさに懲《こ》りた国は、自国の主張を通すのに、武力ではなく外交による同意という方式を採用するようになった。物理的な力の時代から、かけひきの論理への転機である。

そしてこの変化の波をうまくとらえた国は、一昔前には想像もできなかったような利益さえ手に入れている。事実、最近の中東諸国の交渉力や北朝鮮の巧みな取引などを見ていると、力の時代からかけひきの時代への転機をまざまざと感じさせられる。

日本人がかけひきベタなのは 「ゲームの理論」を知らないからだ

ところが、目をわが国に転じると、海外とのつき合い方の稚拙《ちせつ》なことは、目を覆うばかりである。善意で金や人を出しても、当たり前だという顔で受け取られ、中には日本からの献上だから受け取ってやるという高慢な態度の国もある。経済では世界の中でも独自の強力な地位を占めている日本であるが、こと国際間のかけひきとなると、まるで「大人と子供」である。

原因は、日本人のかけひきベタにある。もともと同質社会で、「腹芸」などという言葉があることでもわかる通り、日本人同士の交渉は、ほとんど以心伝心である。ブラフやはったりを使う必要はないし、そもそもそういう経験がない。

日本企業を見ていても、さすがに欧米とのつき合いは場数を踏んできたので慣れてきているが、中東や東南アジア、中国とのかけひきとなると、思うようにいかずに悩んでいるようだ。

私はこの現状を打開するための方法として、日本人に「ゲームの理論」を勉強することをすすめたい。というのは、諸外国の交渉法がほとんどゲームの理論の原則を組み合わせたものだからだ。それさえマスターしてしまえば、どんなにタフな交渉の場でもそれほど驚くことはない。

今の日本は、サッカーの試合の中でバレーボールをやろうとしているのに似ている。行われていることのルールがよくわからないので、翻弄《ほんろう》されてしまっているのだ。

ゲームの理論とは、かけひきの問題と行動原理を科学的思考方法という体系の中で解きほぐし、普遍化したものだ。これを学ぶことが、かけひき上手への第一歩である。

経済では世界の中でも独自の強力な地位を占めている日本だか、外交上のかけひきとなると目を覆いたくなるほど“稚拙”である

原　因

日本人同士という同質社会において交渉は“以心伝心”
ブラフやはったりを使う必要がないし、経験もない

かけひき上手への第一歩

諸外国の交渉術の原則である
「ゲームの理論」を学ぶこと!!

39 ロスチャイルドの「次の一手」

強力な情報網で得たニュースを活用して、ロスチャイルド家は大富豪になることができた。

証券取引の世界では、一瞬の判断が明暗を分けることがある。たとえば大財閥ロスチャイルド家が成功したエピソードが有名である。

ロスチャイルド家は強力な情報網を持っていた

ロスチャイルド家は金融業をはじめ、金取引やワイン製造などで、十九世紀には一大多国籍企業を作り上げていた。フランクフルトの創業者マイヤーは、五人の息子をヨーロッパ各国に配置し、専用馬車をヨーロッパ中に走らせ、伝書鳩を使って情報収集に精力を注いだ。このロスチャイルド一族の情報網が、ナポレオンの世界制覇の野望を打ち砕いたワーテルローの戦いの際に威力を発揮するのである。

一八一五年六月、ベルギーのワーテルローでは、ナポレオン率いるフランス軍とウェリントン将軍率いるイギリス軍の間で天下分け目の凄惨な戦いが続いていた。

ヨーロッパ中の人々がこの戦いの帰趨《きすう》を見守っていたが、ロンドンの金融街シティに集まった投機家たちにとっては深刻だった。もしナポレオンが勝てばイギリスの命運が尽きて、彼らの持っているイギリスの公債は大暴落するが、ウェリントンが勝てば逆に大暴騰するからである。

そのころ、イギリス国庫の代理人となっていたロスチャイルド家の三男ネイサンは、一族の情報網から入る緊急の知らせを、今か今かと待っていた。六月二十日未明、ついに伝書鳩が「ナポレオン敗れる」の知らせを持ってきた。ウェリントン将軍からの勝利報告がイギリス政府に届くまでには、まだ少し時間があった。

入手した情報と逆の行動に出て巨額の富を得た

いち早く情報を入手し、証券取引所に向かったネイサンは、一大勝負に出た。ふつうならイギリス公債は暴騰するのだから買いに出るべきところだが、逆に投げ売りしたのである。

ロスチャイルド家の情報網の確実さを知っていた投機家たちは、それを見るなり、ただちに売りに回った。てっきりウェリントンが負けたと思ったのである。相場は急落し続けた。

公債が紙くず寸前になった時、ネイサンは一転して大量買いを敢行した。その直後にイギリス勝利のニュースが証券取引所に届き、公債はみるみる暴騰していった。こうして、ロスチャイルド家は莫大な富を手にしたのである。

このエピソードには、かけひきに関する二つの大きな要素が含まれている。それは次のようなものだ。

①かけひきは裏づけの情報がなければ勝てない

②その情報にどれほどの衝撃度があるか

このどちらも、かけひきの場に臨むにあたっては、よくよく吟味しなければならない要素である。かけひきは単なるテクニックではない。情報に裏打ちされたゲームなのだから。

19世紀に一大多国籍企業を作り上げていた大財閥ロスチャイルド

創業者マイヤーは5人の息子をヨーロッパ各地に配置

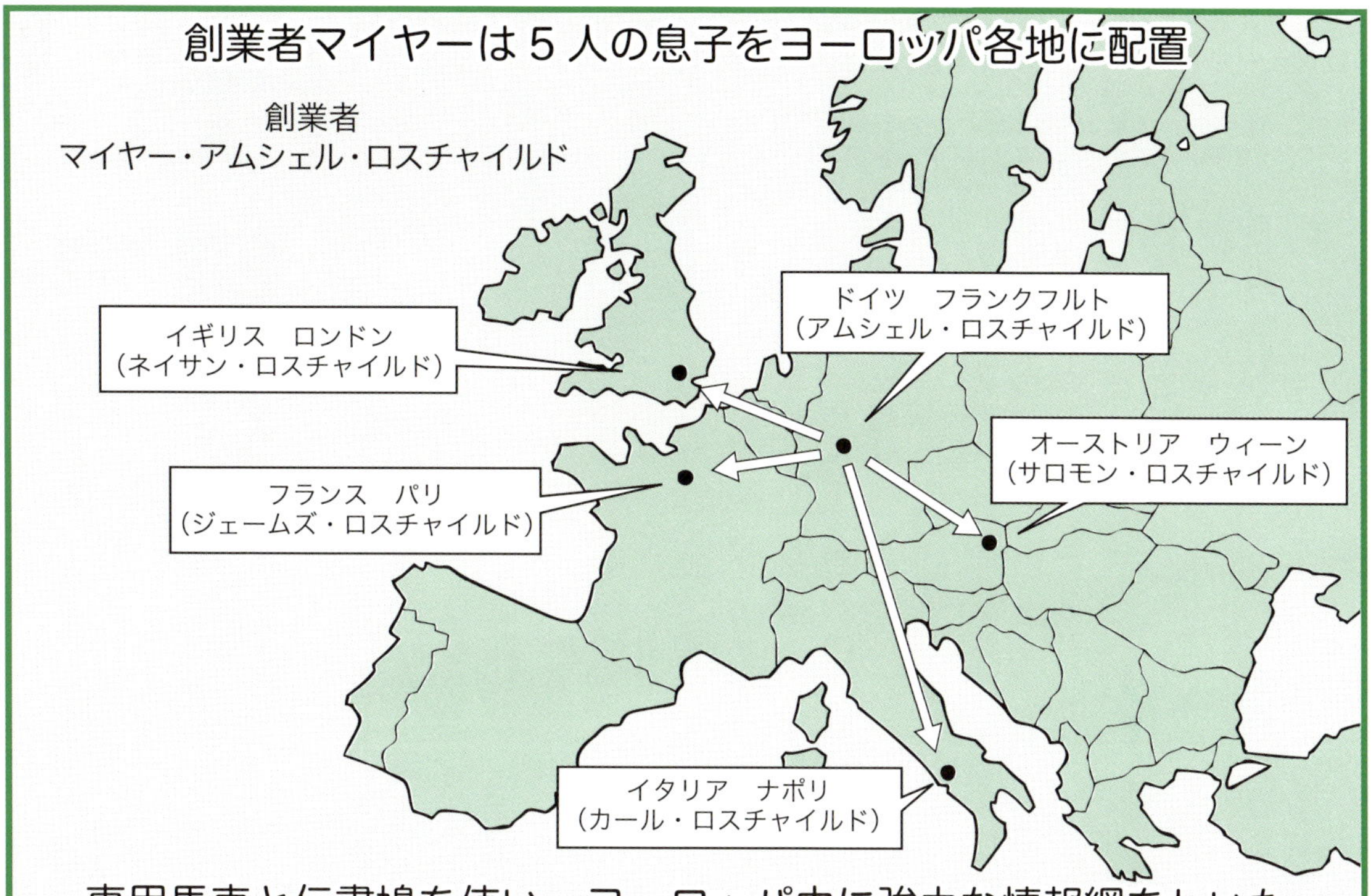
創業者
マイヤー・アムシェル・ロスチャイルド
イギリス　ロンドン
（ネイサン・ロスチャイルド）
ドイツ　フランクフルト
（アムシェル・ロスチャイルド）
フランス　パリ
（ジェームズ・ロスチャイルド）
オーストリア　ウィーン
（サロモン・ロスチャイルド）
イタリア　ナポリ
（カール・ロスチャイルド）

専用馬車と伝書鳩を使い、ヨーロッパ中に強力な情報網をしいた

1815年6月18日　ナポレオン戦争での「ワーテルローの戦い」

6月20日 未明
ロスチャイルドの伝書鳩でいち早く情報を入手したイギリスのネイサンは
すぐさま証券取引所へ向かい一大勝負に出る

イギリス公債の投げ売りを始めたネイサンを見て、ロスチャイルドの情報網の正確さを知っている他の投機家たちはイギリスが負けたと思い込み投げ売りを始める

相場は急落し続ける

イギリスの公債が紙くず寸前になった時、ネイサンは一転して大量買いを敢行！

その後イギリス勝利のニュースが証券取引所に届き、公債は大暴騰していく

ネイサンは投機家たちの裏をかいて莫大な富を手に入れた

かけひきに関する2大要素

①かけひきは裏付けの情報がないと勝てない
②その情報にどれほどの衝撃度があるのか

40 アメリカ流交渉術の限界とは

世界の大国を自認するアメリカだが、その交渉術は一流とは言えない。アジア諸国との対応でそれがわかる。

一九九四年、シンガポールとアメリカの間で、こんなかけひきがあった。

アメリカ流のかけひきはアジア諸国には通用しない

自動車十八台をペンキや生卵で汚し、さらに道路標識を壊したアメリカ人少年に、シンガポール政府が鞭《むち》打ちの刑を決定したのである。これに対しアメリカは、外交ルートを通じて文句をつけたが、シンガポール政府に「この判決は国内法だから、文句を言うのは主権侵害だ」と逆ねじを食わされ、結局刑は執行された。

この事件以上にアメリカの力が通用しないことを示したのは、八九年の中国・天安門事件だった。アメリカは人権問題を盾に最恵国待遇の期限切れを延長しないと息巻いていたが、腰砕けになった。その直後、中国はボーイング社に大量に旅客機を発注すると発表した。これではアメリカが、航空機と引き換えに人権を売ったことになる。みごとな中国のかけひきである。

北朝鮮の核武装問題では、アメリカは北朝鮮にいいように振り回されている。挙げ句の果ては軽水炉に切り替えるための支援金を日本と韓国に出させる始末だ。

これらの交渉の水面下で、どんなかけひきがあったのかは、部外者である私たちにはよくわからない。しかしその結果だけを見ているとアジアの国々は、世界の大国を自認しているアメリカと互角以上に渡り合っている。もしかするとアメリカ流交渉術は、日本以外のアジア諸国には通用しないのかもしれない。

イラン革命以来、欧米はイスラム的発想とつき合うのに苦労していたが、アジアというもっと手強い相手が出てきたことに気づかされたのである。

アジア諸国にはアメリカより長いかけひきの歴史がある

アジア諸国は、経済力をつけてからアジアの論理でものを言うようになった。ことにビジネスの面ではしたたかだ。

考えてみれば、中国にもインドにも四千年以上の歴史がある。日本は江戸時代、鎖国政策をとっていたが、十九世紀以前のアジア諸国は、世界に冠たる商業圏を作り上げていた。それに比べればアメリカは新参者である。言葉を換えれば、かけひきについてまだ未熟な国と言っていい。

例に挙げたアメリカとの交渉では、アジア諸国はアメリカに対し一歩も引かなかった。ところがアメリカは、絶対に譲れないはずの天安門事件や北朝鮮核武装問題でも妥協させられている。

このことからわかるのは、アメリカは現実主義の国で、情勢が変われば態度を正反対にすることができることだ。うっかりそれに乗せられてしまうと、二階に人を上げておいて平気でハシゴを外されてしまいかねない。この時、ハシゴがなくなって二階で騒いでいるのは、日本なのだろう。

アメリカのこうしたやり方に何度も煮え湯を飲まされているはずなのに、日本は懲りている様子がない。困ったことである。

日本を除いたアジア諸国の交渉のかけひきはしたたかで見事だ

19世紀以前、アジア諸国は世界に冠たる商業圏を作り上げていた

中国やインドは4千年の歴史をもつ

それに比べればアメリカは200年ほどの歴史しかない新参者の国

アジア諸国の歴史に裏付けられた交渉術はしたたかで、アメリカ流の交渉術は日本以外の国には通用しないだろう…

領土問題、経済問題、食料問題、
エネルギー問題、人権問題、etc,etc…

おい、お〜い！
あれ？
日本
核兵器持ってんだけど話聞く？
…聞こうか
……
いいでしょう伺いましょう
あちらで儲け話の相談をしませんか？
アメリカ

アメリカは現実主義の国
情勢が変わり自国の国益にかなえば態度を180度変える

41 損失を最小限に抑える「ミニマクスの理論」

相手に手の内を読まれないようにするには、高度なかけひきの技術が必要になってくる。

ゲームの理論における戦略の一つに「ランダム戦略」というものがある。相手にこちらの手の内を知られてしまうと逆の手を打たれて不利になるので、こちらの意図を相手に知られない方法はないものかと考えられたものだ。

相手に手の内を読まれないように時々デタラメな手を混ぜる

それを実際に試してみるには、コインの裏表を当てるゲームを考えてみればいい。これはコインを手のひらで隠し、それが表か裏かを当てさせるだけの単純なゲームだが、もし同じ側ばかり出していれば、相手はおおよその見当がつく。

そこで、慣れた人は時々コインを放り投げるなどの方法で、まったくデタラメにどちらが出るかわからないようにすることができる。もちろん投げた本人もわからず、どちらの目が出るかチャンスは半々だが、こうした不規則な方法をときおり挟むことによって、相手にこちらの手を予測させづらくすることができる。

もちろん相手がランダム戦略をとっていることを予測すれば、回を重ねるうちに計算上は引き分けになるはずである。この方法は積極的に勝てるという方法ではないが、少なくとも負けないですむ。

こうした、こちらの意図とは別の手を織り交ぜるランダム戦略は、現実の政治・軍事戦略に利用された。

米ソの緊張時代、アメリカが最も恐れたのがソ連によるミサイル核攻撃だった。そこでSDI（戦略防衛構想）をはじめとするさまざまなプロジェクトをスタートさせて、飛来するミサイルを空中で撃ち落とすことを考えた。

「ミニマスクの理論で」損失を最小限に抑える

しかし、そこで最後に残った難題は、ソ連が核ミサイルを発射する際、ミサイルのすべてに核弾頭を積むのではなく、おそらくにせ物と本物を混ぜて撃ってくるであろうということだった。つまりランダム戦略の応用である。

これをやられると、どれが本物かわからないので、すべてを撃ち落とさなくてはならない。攻撃する方からすれば、最も効率の良いやり方だし、アメリカにとっては実に不経済である。

相手がどのように行動してくるかがあらかじめ確実にわかっているなら、相手または対象についてできるだけ正確な情報を集めてその対応策を考えればいいのだから、戦略は立てやすい。

しかし現実には、どうしても集めた情報には不確実さが残るし、その時点ではっきりした事実だと思っても、状況の変化や相手の事情で違った方向へ進むことは避けられない。

そこで考えられたのが、「ミニマスクの理論」である。うまく行った時ではなく、うまく行かなかった時に損失を最小限に抑える考え方だ。マキシマムのリスクをミニマムにすることから、このような名前がついている。

現実のかけひきに使われている「ランダム戦略」と「ミニマクスの理論」

ランダム戦略

相手にこちらの意図を知られないために、デタラメな情報を織り交ぜる

ミニマクスの理論

うまくいかなかった時に損失を最小限に抑える考え方

政治・軍事戦略に利用された例

米ソ冷戦時代、アメリカはソ連によるミサイル核攻撃に対抗するため **SDI（戦略防衛構想）** をスタートさせた

SDI（戦略防衛構想）で対抗する

全面核攻撃という最悪のケースの中で人工衛星に搭載したレーザー兵器や迎撃ミサイルで飛来してきた核ミサイルをすべて空中で破壊して被害を最小にする（※開発に巨額の予算が投じられたが当時の技術力では実現しなかった）

――ミニマクスの理論――

ソ連からの核攻撃を想定

ソ連はミサイルのすべてに核弾頭を積むのではなく「にせ物」と「本物」をまぜて撃ってくるだろう

――ランダム戦略――

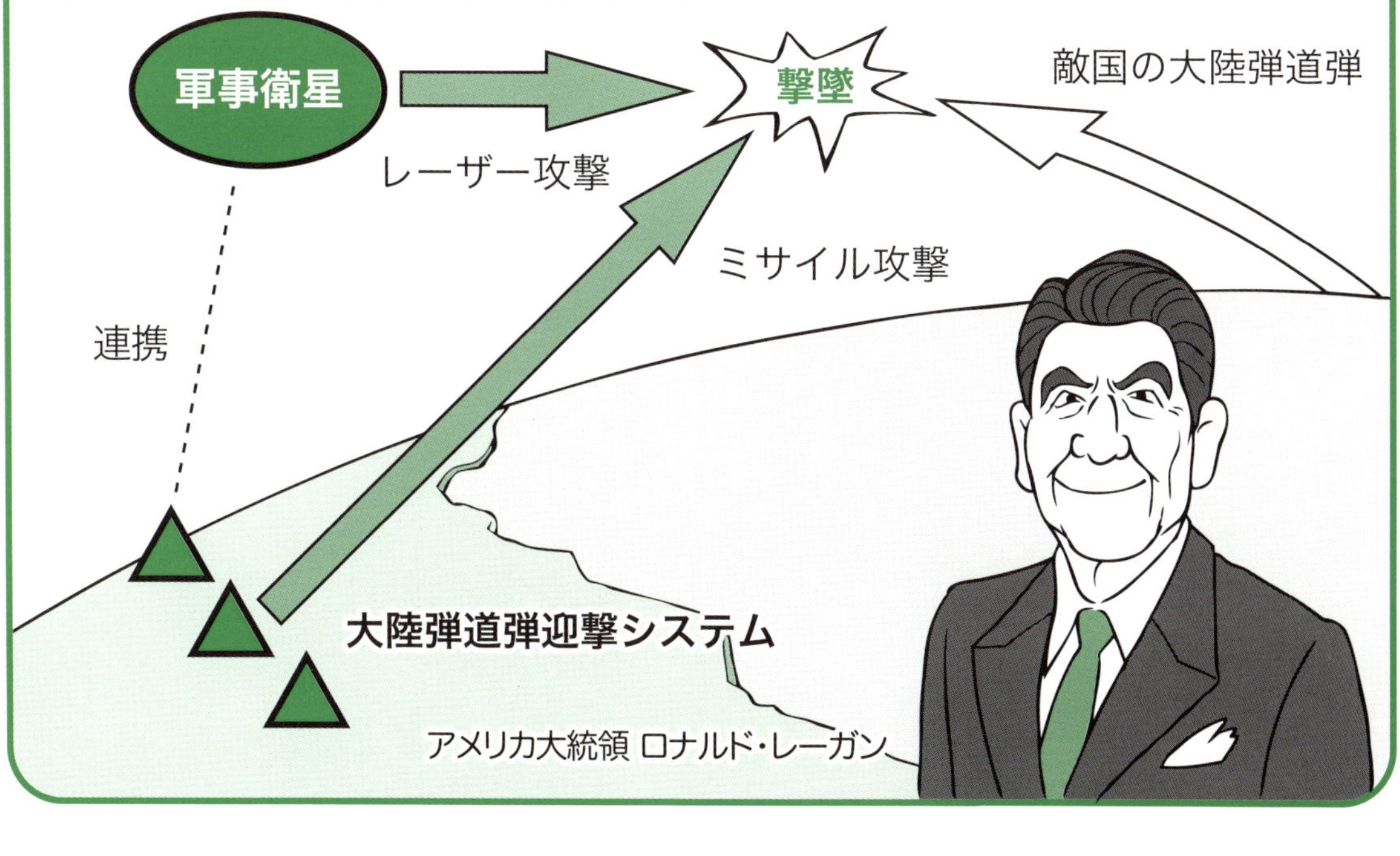
軍事衛星
撃墜
敵国の大陸弾道弾
レーザー攻撃
ミサイル攻撃
連携
大陸弾道弾迎撃システム
アメリカ大統領 ロナルド・レーガン

42 不況の時にシェアを伸ばすIBMの市場戦略

IBMがシェアを伸ばしたのは、ふつうとは反対の考え方で新製品を出したからである。

ＩＢＭ社はかつて汎用コンピュータで世界の電子計算機の七〇％を占めた時代があった。しかしＩＢＭ社は当初から強力だったのではない。その歴史を調べてみると、不思議なことに不況の時に限って、その市場を拡大しているのである。

ユーザーの目が厳しい時こそよい製品を売るチャンス

汎用コンピュータというのは、今のパソコンと違って、高価な投資である。だから世の中の景気が良ければ売れるというならわかるが、反対に不景気の時に売れるというのは納得がいかない。

その答えは、ユーザーの心理にあった。不況だからと言って、需要が完全にゼロになるというわけではない。好況の時よりも少なくなるだけである。ただし、不況の時はユーザーの商品を選択する目がより厳しくなる。失敗が許されないので、しっかり吟味しようとするからだ。

そこでＩＢＭ社は不況の時を狙って、すばらしい新型の計算機を出したのである。するとお客が一斉に飛びついてくる。

こうして拡大した占有率は、たとえ好況になっても維持はできる。好況の時は放っておいても売れるので、無理に売らなくてもよいからだ。その間に充分実力を蓄え、次の不況期に再び占有率を拡大する。このようにして、ＩＢＭ社は世界に冠たるコンピュータメーカーの座を手に入れたのである。

一度トップの座を手にすればその地位は容易には揺るがない

このようなＩＢＭ社の戦略は、ゲームの理論におけるミニマクスの理論の応用と考えてよい。仮に不況期に出した新製品が売れず、ストックになってしまったとしても、それは魅力的な製品の在庫なのだから、景気が回復すれば必ず売れる。逆に不況だからといって、新製品開発のコストをケチり、さえない製品を出してしまえば、不況期にも好況期にも売れず、じり貧になってしまう。

ところで、汎用コンピュータを購入するのは銀行や大企業である。その会社で導入する機種を選定する立場の人は、世間から見ればエリートビジネスマンと言える。エリートは自分の立場を危うくするような冒険はしないから、いったんＩＢＭ社がナンバーワンの地位を築いてしまうと、次の機種もＩＢＭ製品になる。

なぜかといえば、ライバル社に優れた製品があったとしても、それを入れてうまく動かなければ、「高い金を出したのに、こんなに性能の悪いコンピュータを入れたのは誰だ」と責任を追求されるからだ。そんなことになったらつまらないから、彼らは決して冒険をしない。

一方、ＩＢＭは世界最大のコンピュータメーカーだから、それがうまく動かなくても、「ＩＢＭでさえうまく動かないのなら、仕方がない」と理解してもらえる。この差は大きいのだ。

そういうわけで、ＩＢＭ社はシェアを伸ばし、トップの地位を安泰にしたのである。

IBMの市場戦略は「ゲームの理論」の「ミニマクスの理論」の応用

「ミニマクスの理論」
うまくいかなかった時に損失を最小限に抑える

不況の時にこそ魅力的な新製品で市場の拡大をめざす！
仮に売れなくても、魅力的な製品ならば好景気になれば売れる

〜IBM社の場合〜

不況の時

不況の時をねらって、すばらしい新型の汎用コンピュータを市場に出す

不況下だからユーザーの商品を選択する目は厳しくなるが、
新製品が魅力的ならば売れるので、IBM社は市場の占有率を拡大する

好況の時

好況の時になってもIBM社の
市場の占有率は維持されたままで
放っておいても商品は売れる

次の不況期にそなえて
実力を蓄え
新製品開発に専念する

IBM社はシェアを伸ばしトップの地位を築いていく

IBMのコンピュータなら間違いない！
我が社もIBMにしましょう
IBMでダメなら他のコンピュータもダメでしょう

一度トップになればその地位はなかなか揺るがない

43 かけひきを科学に変えた「ゲームの理論」

ポーカーの研究から生まれた「ゲームの理論」は、曖昧《あいまい》だったかけひきを科学に変えた。

かけひきという曖昧なものに科学の光を当てたのが、フォン・ノイマンとオスカー・モルゲンシュテルンである。彼らは「ゲームの理論」を提唱し、経済活動における合理的な意志決定の方法を示した。

ポーカーの研究から「かけひきの科学」が生まれた

「ゲームの理論」の原点は、トランプゲームのポーカーである。ノイマンたちは若いころからポーカーを研究し、ポーカーの勝ち負けが、自分のプレーではなく、相手の行動に自分の行動がどう左右されるかで決まることを発見した。

ポーカーでは、弱い手のプレーヤーが必ず負けるとは限らない。ここが他のトランプゲームと異なるところだ。互いに札を見せずに掛け金をせり上げていくルールのため、自分の手が相手より強いと「思えば」勝負に出られる。または、相手にこちらの方が強いと「思わせれば」勝つチャンスができる。

つまりこのゲームでは、かけひきにおける相手の行動を的確に判断し、それによって自分の行動を決定しなければ、勝つことはできないのである。ブラフを相手の心理を攪乱《かくらん》させるために巧みに使えば、効果は絶大だ。

ノイマンたちは、ポーカーに三つのポイントがあることを指摘している。

①どのプレーヤーの行動も、それ自体だけでは意味がない

意味があるのは個々の行動ではなく、全体としてのかけひきの構図だ。おのおののプレーヤーのかけひきは、一つのゲーム全体を眺めて、場合によっては何回かのゲームを包括して、初めて理解できる。

②すべてのプレーヤーがかけひきをしている

各プレーヤーの行動はひとりでにそうなったのではなく、合理的な行動を選択した結果と考えるべきである。

③プレーヤー全体をまとめて一つの集団ととらえなければならない

そしてその集団の中での相互関係を見きわめる必要がある。

「ゲームの理論」を応用すれば現実のかけひきが有利に進む

それまで、ゲームを研究するための科学的な理論には、確率論しか存在しなかった。しかしポーカーのようなかけひきに支配されるゲームでは、欲しいカードを引く確率だけを考えるのでは不充分である。プレーヤーは自由な行動の選択が可能であり、しかもその行動は相手の出方に大きく影響されているからだ。

こうして生まれた「ゲームの理論」には、現実の世界で人と人とが利害を対立させている場面で使うことができる解決手法が多く含まれている。

相手にこちらの手の内を知られにくくする「ランダム戦略」や損失を最小にする「ミニマクスの理論」などである。それらの手法をうまく組み合わせ、状況に応じて巧みに変化させることで、最適なかけひきの方法が導き出せるのである。

「ゲームの理論」はかけひきの科学だ！

「ゲームの理論」はトランプゲームのポーカーの研究から生まれた

ポーカーの勝ち負けは、相手の行動に自分の行動が
どう左右されるのかで決まることを発見した

ゲーム理論提唱者　フォン・ノイマン
オスカー・モルゲンシュテルン

ポーカーの３つのポイント

ポイント①
どのプレーヤーの行動も、それ自体だけでは意味がない
意味があるのは個々の行動ではなく、全体としてのかけひきの構図である

ポイント②
すべてのプレーヤーがかけひきをしている

ポイント③
プレーヤー全体をまとめて一つの集団ととらえる

「ゲームの理論」は現実世界でのかけひきにも応用がきく

ランダム戦略
相手にこちらの手の内を知られにくくする

ミニマクスの理論
うまくいかない時の損失を最小にする

著者
ゲームの理論を学んで現実のかけひきに応用してみましょう

44 数字は恣《し》意《い》的に使われるものと思え

日米貿易摩擦でアメリカは数字をねじ曲げて日本を悪者扱いした。典型的なかけひきのテクニックである。

ものごとはすべて数値化することができるが、反対に数値化されたデータから元のものごとを判断しようとする時は、注意が必要だ。

アメリカはねじ曲げられたデータで日本に迫った

というのは、データというものは、それが表しているものの影に過ぎないからだ。光を当てれば影ができるが、物体は三次元の立体なのに対して影は二次元である。同様に、ものごとの数値化はその一面しか表現することができないのだ。したがって、光の当て方を変えれば、まったく違うデータが出てきてしまう。

また、全体像を表現するには不充分なデータが一人歩きしてしまい、それがあたかも全体像の代表であるかのように誤認され、人々をミスリードすることもある。

さらに、かけひきで優位に立つために、わざと数字がねじ曲げられることがある。前述の光の当て方や一部のデータを全体とみなすことを、相手を混乱させる目的で故意に行うのである。

一九九五年の日米貿易摩擦において、アメリカ政府はこの手法を大々的に使ってきた。日本のアメリカに対する貿易黒字の六割が、日本の自動車輸出によるものだという主張がそれである。

政府間交渉は紛糾し、日本車の対米輸出に対して高額関税をかけるという話にまで発展した。

確かにアメリカの出した数字そのものは正しい。しかし実態とはかけ離れたものだった。どういうことかと言うと、日本の貿易黒字は日本車のせいではなく、日本が不景気でアメリカが好景気だったためなのに、アメリカ政府はそのことを知らんぷりして日本車の責任にしていたのである。

自分たちに都合のいいように無意味な数字を作り出した

さらに付け加えるなら、アメリカの主張は数字のトリックである。彼らは日本の対米輸出全体の六割が自動車で占められているかのように主張したが、当時の自動車対米輸出額は一二％程度である。

それがどうしたら「六割」になるのかというと、分母を対米黒字額に、分子を自動車輸出額にして計算しているからだ。この数字にはまったく意味がない。

一九八〇年代、日本はバブル景気に沸き返り、アメリカは不況にあえいでいた。そのために日本の対米黒字は三九〇億ドルくらいまで減っていた。日本のバブルが弾けて不況に突入するのとほとんど同時に、アメリカは景気回復を果たしたが、それとともに日本の貿易黒字は急速に増大していく。貿易統計を見て、一年ごとの数字を追っていけば、これは誰にでもわかることである。不景気になればみんな財布の紐を締めるからものが売れない。ただそれだけのことだ。

相手が無意味な数字を振り回していることに気づかないと、かけひきには勝てない。数字はねじ曲げられ、恣意的に使われるものであることを知っておくべきだ。

かけひきにおいてデータは恣意的に使われるので注意が必要だ！

1995年の日米貿易摩擦において

アメリカ政府は数字のトリックでデータをねじ曲げて
自分勝手な主張をくりひろげた！

アメリカ国内でアメリカ製自動車よりも日本製の自動車の方が売れてアメリカの自動車業界は困っていた

当時の日本の自動車対米輸出額は対米輸出額全体の **12%程度**

数字のトリック

$$\frac{\text{自動車輸出額}}{\text{対米黒字額}} = \text{貿易黒字の}\mathbf{6}\textbf{割}\text{は日本の自動車だ}$$

だから高額関税をかけますよ！いいですね？
日本は自動車で儲けてます！
貿易黒字の6割です！
データを見ればわかるでしょ？
不景気
そんな…デタラメな言いがかりです！
好景気
日本
アメリカ

45 数字に弱ければかけひきには勝てない

数字に弱いと思っている人というのは、目的を持たない人のことだ。それではかけひきには勝てない。

ものごとを数値化して表現すると、具体性を持つようになる。比較や目標にする時には、数字の方が便利だ。

数字を出す時には必ず何らかの目的がともなっている

ただし、数字が生きるのは目的がある場合だけで、目的のない数値化は意味がない。たとえば身長と体重から算出されるＢＭＩという数値がある。一般に「肥満度」と呼ばれるもので、二十二から二十四までの間が理想的とされる。

この数値を必要とするのは、痩せてスリムな体になりたいと願っている人や、肥満による高血圧、糖尿病といった生活習慣病を防止したい人だけのはずである。病気の心配がなく、理想的な体型の人なら、そんな数値をわざわざ計算してみなくても、現状を維持すればいいだけだ。

同様に、家計における食料費の割合を示すエンゲル係数も、「わが家は食事にぜいたくをしすぎているのではないか」と感じている家庭の人にしか用のない数値のはずである。

このように、何かを数値化するということは、必ず目的をともなっていなければならない。そうでないと、単なる「数字オタク」になってしまう。

逆に言えば、「数字に弱い」と自認する人たちは、具体的な目的を持っていない可能性がある。実現したいことがなければ、目標にする数値を計算する必要はない。

そういう人たちは、次々と数字を繰り出して具体的な要求を突きつけてくる相手にとっては、いいカモである。数字に不慣れなために、出された数字が正しいかどうか、議論の趣旨に沿った適切なものかどうかが判断できないからだ。

日本人は本来計算の得意な国民である

しかし世界的に見れば、日本人は本来、数字に強い人種である。海外旅行に行ってお土産を買う時、レジ係が計算するよりも早くお釣りを暗算するのは、日本人の得意技としてよく知られている。

日本人がなぜ素早く計算できるのかというと、小学校で九九の暗記をさせられているからである。九九というものは理屈ではなく、一種の体育のようなものだ。これを覚えていれば、複雑な足し算、引き算の計算も簡単にできる。

そのさらに上を行くのがインド人で、彼らの九九は二桁まである。小学生は二十×二十くらいまでを覚え、年配の人では五十×五十まで覚えている人もいるという。これがインドでＩＴが盛んであることの理由であるとも言われている。

今、お隣の韓国ではインド式の九九が大ブームとなっている。インドにあやかってＩＴ立国を目指そうと考えているからだ。日本も九九を二桁に拡大することを検討してみる価値があるのではないだろうか。外国人から見れば、複雑で難解な漢字を数千種類も暗記している国民なのだから、難しいことではないはずだ。

数字に弱くては交渉で勝つことなどできない

データの数字には必ず何か具体的な目的が伴っているから意味があるし価値もある

数字に弱いと交渉相手を具体的に説得することができないからとうてい「頭のいいビジネスマン」にはなれません

そこのところを
バーンと
いって
ガツーンと
進めれば
この話は
うまくいきます
君の話は
何が言いたいのか
ちっともわからん

数字に弱いと相手の出してきた数字が正しいのか、議論の趣旨に沿ったものなのか判断できないので、お客だったらいいカモである

全国的な統計調査の
平均値はこの数字
なのですが…
こちらの数字を
ご覧下さい
さらに
こちらの数字にも
ご注目下さい
という訳で
当社独自の
現場調査から
申し上げても
今が買い時かと…
くらくら
…買います！
ヨロリ

小学校から九九を
暗記させられている
日本人は数字に強い
人種です。
さらに上を
いくのはインド人
彼らの九九は
二桁まであります
日本人も九九を
二桁に拡大すること
を検討してみては
どうでしょう
著者

46 負けてみせて勝つのもかけひきの一つ

最近は表示価格で販売する店が多いが、お客とのかけひきで柔軟に価格を変える「値切り」も必要だ。

一般の消費者が経験するかけひきの代表が、商店などの店頭で「値切る」という行為である。

一般消費者が身近に経験するかけひきが「値切り」である

スーパーやコンビニ、デパートでは値切って買うことはないが、スーパーではそれに近いことが行われている。売れ残った生鮮食料品は閉店近くなると半額に値下げされるが、それを待っていて買う方法である。中には店員が「半額」のシールを商品に貼るのを、品定めをしているふりをして待ちかまえている主婦もいる。

しかしそれ以外の場面では、値切るという行為はあまり日常的ではなくなってきた。これは日本人にとって、かけひきの能力を衰えさせることであると思う。

海外を訪れる日本人観光客は、現地の商売人にとっては値切ることを知らない上客である。もともと買い物は値切るものというのが世界の常識である。彼らにとっては値切り倒すことこそ、買い物をする上での貴重な楽しみなのだ。

すっかり日本社会に定着したコンビニに押されて、従来の対面販売を中心とした個人商店が危機に瀕《ひん》しているといわれる。しかし対面販売だからこそできる値引き交渉を前面に押し出せば、個人商店を再び活性化できるのではないか。

チェーン店のアルバイト店員では、マニュアル通りの接客しか望めないが、個人商店の店主なら、腹芸で客の値切りに対応することができる。もともと日本で定価販売が定着したのは、戦時中の配給統制からである。それ以前は値切って買うのが当たり前だったのだ。

値切ることに成功したお客ほどリピーターになる

秋葉原のある電気店は、店員がいやがるくらいに値切り倒したお客ほど、リピーターとなって友人まで連れて来てくれることを発見した。「オレとあの店に行けば、うんとまけてくれるから、ついて来いよ」と得意になって仲間を誘うからである。

たかが買い物と言う人もいるだろうが、値切りに成功するということは、それだけで安い買い物をしたという手応えとなり、客は満足する。その結果、つい余計なものまで買い足してしまったりするのである。

店の側から見れば、値切られることは「まける」というが、これは文字通り「負ける」のである。価格を巡るかけひきで、お客が勝利するということだ。しかし、長い目で見ればそのお客はリピーターとなって店に貢献してくれる。しかも仲間を新規客として連れてきてくれるのだ。これは「負けてみせて勝つ」ということではないか。

商売のかけひきでは、どちらかが一方的に勝利を収めてしまうと、やられた側が不満を持ってしまい、次の商談ができなくなってしまうということがよくある。相手にも適当な満足感を与え、トータルで利益をつかむやり方は、立派なかけひきのテクニックなのである。

負けてみせて勝つ、「まける」ことも必要だ

**コンビニ等のフランチャイズ・チェーンでは
マニュアル接客なのでお客との「値引きのかけひき」をみることはないが
もともと「値引きのかけひき」は買い物の楽しみの１つであった**

値引きに成功したお客は商品と一緒に**「満足感」**も手に入れる

そして値引きに成功したお客はリピーター率も高い

秋葉原のある電気店
お客様にはまいりました
ただいま店長と相談してまいりますので
やった〜♡
安さ世界一に挑戦
安さ世界一に挑戦
オレとあの店に行けばうんとまけてくれるからついてこいよ！
ドン
たのむぜ〜っ
お前の分もまけてやるからさ！

**値切りに成功したお客はリピーターになり
得意になって仲間を新規客として店に連れて来てくれる**

著者略歴

唐津　一（からつ　はじめ）
1919年、旧満州生まれ。東京大学工学部卒業後、逓信省電気試験所を経て、日本電信電話公社（現ＮＴＴ）に入社。1961年、松下通信工業（現パナソニック モバイルコミュニケーションズ）に移り、1978年、常務取締役、1984年には松下電器産業技術顧問に就任。1986年より東海大学教授を務めた。現在、東海大学名誉教授。1981年、デミング賞本賞受賞、2001年、勲三等瑞宝章受章。
主な著書に『技術参謀が日本を変える』『現場主義』（以上、中央公論新社）、『かけひきの科学』『ビジネス難問の解き方』『日本のものづくりは世界一』（以上、ＰＨＰ研究所）など多数。

【図解】仕事のカベの破り方
営業・かけひき・決断に効く最強の問題解決法

2007年2月9日　第1版第1刷発行

著者　唐津　一
発行者　江口克彦
発行所　ＰＨＰ研究所
東京本部　〒102-8331　千代田区三番町3番地10
ビジネス出版部　☎03-3239-6257（編集）
普及一部　☎03-3239-6233（販売）
京都本部　〒601-8411　京都市南区西九条北ノ内町11
PHP INTERFACE　http://www.php.co.jp/
ＤＴＰ　株式会社シーエイチシー
印刷所
製本所　凸版印刷株式会社

ISBN978-4-569-65926-8